Karl Helfferich

Der Weltkrieg

I. Band

Verlag
der
Wissenschaften

Karl Helfferich

Der Weltkrieg

I. Band

ISBN/EAN: 9783957004482

Auflage: 1

Erscheinungsjahr: 2015

Erscheinungsort: Norderstedt, Deutschland

Hergestellt in Europa, USA, Kanada, Australien, Japan
Verlag der Wissenschaften in Hansebooks GmbH, Norderstedt

Der Weltkrieg

von

Karl Helfferich

I. Band

1919

Verlegt bei Ullstein & Co in Berlin

Die Vorgeschichte des Weltkrieges

von

Karl Helfferich

1919

Verlegt bei Ullstein & Co in Berlin

Inhalt

Vorwort

Ich vermesse mich nicht, die Geschichte des Weltkrieges zu schreiben. Das mag ruhigeren Zeiten vorbehalten bleiben, in denen die Menschheit einigermaßen Distanz zu den Ereignissen des Weltkrieges gewonnen hat. Wohl aber glaube ich, heute schon einiges — und nicht ganz Unwichtiges — zur Geschichte des Weltkrieges sagen zu können und sagen zu müssen.

Mein persönliches Schicksal hat mich so geführt, daß ich seit einer Reihe von Jahren an den Entwicklungen, die dem Kriege vorausgingen, die den Knoten schürzten und ihn zeitweise wieder zu entwirren schienen, daß ich schließlich an den Ereignissen des Krieges selbst mittelbar oder unmittelbar, Einblick nehmend oder handelnd, beteiligt war.

Die Welt dürstet nach Aufklärung; sie will wissen, wie es hat so kommen können und ob es hat so kommen müssen. Ihr Urteil über Personen, Einrichtungen, Vorgänge hängt von dieser Aufklärung ab; und ihr Urteil wird, da alles noch im Flusse des Werdens ist, das Schicksal der Völker und Völkergemeinschaften gestalten helfen. Ich glaube mich, soweit ich es vermag, in den Dienst dieses Bedürfnisses nach Aufklärung stellen zu sollen.

Meine Absicht geht dabei auf mehr als auf eine Bereicherung der Memoirenliteratur. Sie geht darauf, die Fülle der Ereignisse in ihrem großen Zusammenhang zu erfassen und sie so zur Darstellung zu bringen, wie ich sie sehend und handelnd erlebt habe. Der Nachdruck wird dabei auf der Schilderung der Tatsachen liegen, vor allem auf der Darstellung derjenigen Vorgänge, an denen ich unmittelbar beteiligt war. Im Urteil, namentlich im Urteil über Personen, Parteien, Berufsstände und Volksschichten, werde ich mir nach Möglichkeit die Zurückhaltung auferlegen, die mir Pflicht eines mitbeteiligten Darstellers noch nicht abgeschlossener Vorgänge zu sein scheint.

Der aufrichtige Wille zur Wahrheit hat mir die Feder geführt. Deshalb wage ich zu hoffen, daß diese Blätter dazu beitragen werden, der viel mißhandelten und grausam entstellten Wahrheit wieder zu ihrem Rechte zu verhelfen und damit beizutragen zu einer Gesundung der Gemüter und Zustände in Deutschland wie zur Schaffung erträglicher Verhältnisse zwischen den Völkern.

Der vorliegende Band behandelt die Vorgeschichte des Weltkrieges. Die Darstellung der Vorgänge des Weltkrieges selbst ist in der Hauptsache bereits abgeschlossen und wird diesem ersten Bande in naher Zeit folgen können.

Berlin, Ende März 1919

Karl Helfferich

Vom Dreibund zum Dreiverband

Die Verschiebung der Mächtegruppierung seit Bismarcks Abgang

Bismarck hat das neue Preußen geschaffen, Preußens Vorherrschaft in Deutschland begründet und das Deutsche Reich aufgebaut in Kriegen, die er, wenn nicht herbeigeführt, so doch politisch vorbedacht und diplomatisch vorbereitet hat; vorbedacht und vorbereitet in einer Weise, daß der Gegner isoliert und eine der eigenen Macht überlegene feindliche Koalition verhindert wurde. Nach dem Krieg von 1870/71 und der Begründung des Reichs war er nach seinem eigenen Geständnis beherrscht von dem „cauchemar des coalitions" in einem Maße, daß ihm dieser Alpdruck oft den Schlaf raubte. Ebenso wie Moltke, der vorausgesagt hat, daß wir in fünfzig Jahren um die Errungenschaften von 1870 würden kämpfen müssen, hat Bismarck klar erkannt, daß eine Versöhnung des besiegten, in seinem alten nationalen und kriegerischen Stolz schwer getroffenen Frankreich auf viele Jahrzehnte hinaus nicht möglich sein werde, und daß damit jeder anderen Großmacht, die sich zur kriegerischen Auseinandersetzung mit Deutschland entschließen sollte, von vornherein ein nicht zu unterschätzender Bundesgenosse gesichert sei. Die Gefahr der Bildung gegnerischer Koalitionen hat durch diese Tatsache eine besondere Verschärfung erfahren; sie hat für die Politik des Deutschen Reichs von Anfang an eine Erschwerung geschaffen, wie sie die Politik keines andern Staates belastete.

Es ist bekannt, wie Bismarck diese Verhältnisse gemeistert hat. Bei seinem Rücktritt hinterließ er uns eine Mächtegruppierung, die sich in kurzen Zügen folgendermaßen umreißen läßt:

Deutschland, Österreich-Ungarn und Italien in dem Schutzbündnis des Dreibundes zusammengeschlossen. Rußland durch den geheimen Rückversicherungsvertrag von jeder Allianz mit offensiven Zielen gegen das Deutsche Reich abgehalten. England in der Gesamtorientierung seiner Politik dreibundfreundlich, wenn auch frei von irgendwelchen vertragsmäßigen Bindungen.

Bismarck selbst hatte den Wert von Bündnissen und Verträgen nie überschätzt. Niemand wußte besser als er, daß Bündnisse und Verträge, sollen sie in den Lagen, für die sie geschlossen sind, Stich halten, der Untermauerung durch die Übereinstimmung der wirklichen Interessen der vertragschließenden Teile bedürfen. Vor allem war sich Bismarck klar über den bedingten Wert der Zugehörigkeit Italiens zum Dreibund: auf der einen Seite war der italienisch-österreichische Gegensatz nicht aus der Welt zu schaffen, sondern nur durch Vorteile, die Italien im Dreibund fand, oder stärkere Gegensätze zwischen Italien und anderen Ländern, namentlich Frankreich, zu überbieten; dann bedurfte Italien angesichts seiner Küstengestaltung, wie Bismarck stets anerkannt hat, einer Anlehnung an den maritimen Schutz Englands. Diese Voraussetzungen für ein Sichwohlfühlen Italiens im Dreibund waren, als Bismarck im Jahre 1890 zurücktrat, vorhanden: der Gegensatz zwischen Italien und Frankreich, hervorgerufen insbesondere durch die Festsetzung Frankreichs in Tunis, aufs äußerste verschärft durch einen heftigen Zollkrieg, ließ die gegen Österreich gerichteten irredentistischen Aspirationen zurücktreten. England, das in den Fragen des Mittelmeers und in kolonialen Angelegenheiten in Gegnerschaft mit Frankreich stand, und das sich durch die russische Ausdehnung nach Osten in seinen asiatischen Interessen, vor allem in seiner Herrschaft über Indien, bedroht sah, hielt damals noch ein Zusammengehen mit dem Dreibund — trotz mancher Reibungen mit Deutschlands jungen Kolonialbestrebungen — für die richtige Politik. In Rußland allerdings hatten die Nachwirkungen des Berliner Kongresses, die immer stärker werdenden panslawistischen Bestrebungen, der Gegensatz zu Österreich-Ungarn in den Balkanfragen, schließlich das Mißtrauen Alexanders III. gegenüber der Bismarckschen Politik den Wert des im Jahre 1887 erneuerten deutsch-russischen

Rückversicherungsvertrages so stark ausgehöhlt, daß bereits in den letzten Jahren der Bismarckschen Kanzlerschaft die Gefahr des Zweifrontenkriegs für Deutschland akut zu werden drohte.

Das Gebäude der Sicherung Deutschlands gegenüber einer übermächtigen feindlichen Koalition, wie es Bismarck seinen Nachfolgern überließ, war ein äußerst kunstvolles. Es trug die Gewähr seines Bestandes nicht in sich selbst, sondern ruhte in wichtigen Teilen auf einem leicht veränderlichen Grunde, dessen Tragfähigkeit schon in der Vergangenheit nur durch unablässige Achtsamkeit und ununterbrochene Bemühungen erhalten werden konnte und für die Zukunft durch kaum abwendbare Entwicklungen schwer bedroht erscheinen mußte.

Alsbald nach Bismarcks Rücktritt begann das von ihm geschaffene und schließlich von ihm nur noch mühsam aufrechterhaltene System abzubröckeln.

Der Nichterneuerung des Rückversicherungsvertrages mit Rußland im Jahre 1890 folgte in kurzer Zeit die russisch-französische Entente, die sich im weiteren Verlauf zu dem Zweibundsvertrag verdichtete. Die Gefahr des Zweifrontenkriegs war damit vom Anfang der neunziger Jahre des vorigen Jahrhunderts an zu einer dauernden geworden. Alle deutschen Bemühungen, das russisch-französische Bündnis zu lockern, blieben in der Folgezeit ergebnislos.

Das Verhältnis zu England blieb zunächst noch ein gutes. Während wir durch den Helgoland-Zanzibar-Vertrag von 1890 koloniale Reibungspunkte aus unsern Beziehungen zu England beseitigten, bestand die britisch-französische Kolonialrivalität fort und erreichte im Jahre 1898 mit dem Zwischenfall von Faschoda ihren Höhepunkt. Noch mehr fiel ins Gewicht, daß der starke Gegensatz zwischen England und Rußland sich in unverminderter Schärfe erhielt. Unter solchen Umständen konnte man in Deutschland die Hoffnung hegen, daß es einer umsichtigen Politik gelingen werde, die für uns bedrohlichste Koalition — den Zusammenschluß Englands mit dem seine Spitze gegen Deutschland und seine Verbündeten richtenden Zweibund — zu verhindern.

Diese Hoffnung schien sich zu bestätigen, nachdem in England die Erregung über die „Krügerdepesche" (Januar 1896) sich gelegt hatte und die britische Regierung, trotz der damals schon erwachten Handelseifersucht, den Versuch einer entschiedenen Annäherung an Deutschland machte. Kein Geringerer als Josef Chamberlain setzte sich in jener Zeit öffentlich für einen germanisch-angelsächsischen Dreibund ein, bestehend aus Deutschland, Großbritannien und Irland und den Vereinigten Staaten von Amerika. Aber dieser Annäherungsversuch fand sowohl bei der deutschen öffentlichen Meinung, die gerade damals infolge des Burenkrieges stark gegen England erregt war, wie auch bei der Reichsregierung, die sich zwischen England und Rußland freie Hand wahren wollte, keine ermutigende Aufnahme. Die Entwicklung kulminierte in dem zwischen Deutschland und England im Herbst 1900 abgeschlossenen Abkommen über China (in Deutschland zumeist „Yangtse-Abkommen“ genannt), in dem die beiden Mächte sich gegenseitig auf den Grundsatz der offenen Tür festlegten und sich eine Verständigung für den Fall vorbehielten, daß eine andere Macht die chinesischen Wirren benutzen sollte, um territoriale Vorteile zu erlangen. Dieses Abkommen wurde in der internationalen Öffentlichkeit als ein Zusammenschluß Deutschlands und Englands gegen die russischen Aspirationen auf die Mandschurei aufgefaßt. Aber gerade in diesem entscheidenden Punkte stellte sich eine ernste Verschiedenheit der Auslegung zwischen der deutschen und der großbritannischen Regierung heraus. Als wenige Monate nach dem Abschluß des Abkommens die Frage durch Rußlands Vorgehen akut wurde, erklärte Fürst Bülow im Reichstag, daß sich das deutsch-englische China-Abkommen nicht auf die Mandschurei beziehe; darüber sei auch bei den Verhandlungen über das Abkommen den britischen Staatsmännern kein Zweifel gelassen worden. Demgegenüber erklärte Lord Salisbury im Unterhaus, daß die Behauptung, Deutschland habe bei den Verhandlungen die Mandschurei ausgenommen, nicht den Tatsachen entspreche. Auf diese Weise kam es statt zu einer ihre Spitze gegen Rußland kehrenden deutsch-englischen Annäherung zu einer tiefgehenden, die weitere Entwicklung wohl endgültig beeinflussenden deutsch-englischen Verstimmung und zu einer von Rußland freudig begrüßten, aber mit keinem Dank entgoltenen deutschen Rückendeckung für die russische Ostasien-Politik.

Der weitere Verlauf der Dinge erhielt sein Gepräge durch die Annäherung zwischen England und Frankreich, die sich schließlich unter Einbeziehung des russischen Bundesgenossen der französischen Republik zur Triple-Entente ausweitete. Es muß festgestellt werden, daß bereits im Sommer 1903 der nachmalige Staatssekretär des Auswärtigen, Sir Edward Grey, als oppositioneller Abgeordneter den Versuch des Zusammengehens mit Deutschland in den ostasiatischen Angelegenheiten als einen erwiesenen Mißgriff bezeichnete und daraus die Folgerung zog, eine Annäherung an Rußland zu empfehlen.

In Frankreich wirkte die Demütigung von Faschoda einige Zeit stark nach. Im Burenkrieg ergriff die öffentliche Meinung in Frankreich kaum minder lebhaft gegen England Partei als in Deutschland. Aber bald waren Kräfte am Werk, die gerade aus der Demütigung von Faschoda eine neue Orientierung der französischen Politik gegenüber England herleiteten. Faschoda hatte gezeigt, daß gegen Deutschland und gegen England Frankreich seine Großmachtstellung nicht würde behaupten können. Das alte Revanchebedürfnis gegenüber Deutschland erwies sich in dieser Lage als stärker denn die neue Erbitterung über die Vergewaltigung durch England. Delcassé als französischer Minister des Auswärtigen leitete in stiller und zäher Arbeit die britisch-französische Annäherung ein. Er fand in England günstigen Boden. Dort hatte man endgültig die Hoffnung, in Deutschland ein Werkzeug gegen Rußland gewinnen zu können, aufgegeben; die Handelseifersucht gegen Deutschland wuchs mit der Entfaltung der deutschen Wirtschaftskraft, namentlich des deutschen Außenhandels, der deutschen Unternehmungen im Ausland und der deutschen Handelsflotte, von Jahr zu Jahr; die Vergrößerung der deutschen Kriegsflotte, eine durch die Vermehrung des Außenhandels und das Wachstum der Handelsflotte gerechtfertigte Entwicklung, erregte mehr und mehr Besorgnis; und schließlich bestieg nach dem Tode der Königin Victoria im Januar 1901 Edward VII. den britischen Thron.

Die Entente zwischen Frankreich und England trat vor aller Welt offenkundig in Erscheinung in dem am 8. April 1904 unterzeichneten Abkommen, das neben einer Anzahl schwebender kolonialer Fragen Marokko und Ägypten behandelte. Soweit Marokko in Betracht kam, zeigte diese diplomatische Aktion in der Sache wie in der Form eine Spitze gegen Deutschland. England und Frankreich setzten sich — in dem erst später veröffentlichten Geheimabkommen noch sehr viel deutlicher als in dem offenen Vertrag — über die erheblichen deutschen Interessen in Marokko und über die auch von Deutschland unterzeichnete Madrider Konvention von 1880 hinweg, während sie den vierten Hauptinteressenten,

Spanien, in einem öffentlichen und einem geheimen Abkommen vom 7. Oktober 1904 abfanden und zum Teilhaber ihrer Aktion machten. Sie setzten sich über die deutschen Rechte und Interessen hinweg, ohne der deutschen Regierung eine offizielle Mitteilung über das Deutschland so nahe berührende Abkommen zu machen. Die deutsche Regierung zeigte zunächst eine bemerkenswerte Zurückhaltung. Erst als Frankreich zu tatsächlichen Maßnahmen in Marokko schritt, die eine nicht mehr zu ignorierende Verletzung der Souveränität des Sultans von Marokko und der auf der Madrider Konvention beruhenden deutschen Rechte darstellten, gab Deutschland durch den Besuch des Kaisers Wilhelm in Tanger zu erkennen, daß es nicht gewillt sei, sich als nicht vorhanden behandeln zu lassen. Dieser Schritt klärte die Lage. Delcassé, der mit allem Nachdruck für die Ablehnung der unbestreitbar berechtigten Forderung auf internationale Regelung der bisher durch die Madrider Konvention international geregelten Marokkofrage eintrat, konnte sich im französischen Ministerrat auf die Zusage nicht nur diplomatischer, sondern auch militärischer Unterstützung Englands gegenüber Deutschland berufen*. Wenn es nicht zum Kriege zwischen der neuen englisch-französischen Koalition und dem Deutschen Reiche kam,

* Der belgische Gesandte in London, van Grootven, berichtete damals an seine Regierung, Sir Edw. Grey habe bei verschiedenen Gelegenheiten den in London beglaubigten Botschaftern wiederholt, England sei in der Marokkofrage an Frankreich gebunden und werde seine Verpflichtungen bis zum Letzten erfüllen, selbst im Falle eines deutsch-französischen Krieges und auf jede Gefahr hin.

wenn Frankreich vielmehr die von Deutschland vorgeschlagene Regelung der Marokkofrage durch eine neue internationale Konferenz schließlich annahm und den zum Krieg entschlossenen Delcassé fallen ließ, so lag der Grund hierzu nicht bei dem Friedenswillen der englischen Regierung oder einer Selbstbesinnung Frankreichs, sondern lediglich in dem von dem französischen Kriegsminister anerkannten Mangel an Bereitschaft des französischen Heeres sowie in der Schwächung Rußlands durch den russisch-japanischen Krieg und die inneren Wirren.

Die Konferenz von Algeciras, deren Zusammentritt ein formaler Erfolg, deren Verlauf und Ergebnis ein kaum verhüllter materieller Mißerfolg der deutschen Politik war, konnte die Tatsache des entschlossen gegen Deutschland gerichteten englisch-französischen Einvernehmens nur bestätigen. Sie enthüllte weiter, daß Rußland — trotz des Versagens seines französischen Bundesgenossen und der freundschaftlichen Haltung Deutschlands während des russisch-japanischen Krieges — nach wie vor unbeirrt auf der Seite seines französischen Verbündeten stand; daß Deutschland, jedenfalls in dieser Mittelmeerfrage, auf eine Unterstützung durch Italien gegen Frankreich nicht rechnen konnte und daß auch Österreich-Ungarn in einer solchen seine eignen Interessen nicht unmittelbar berührenden Angelegenheit nur ein lauer Freund war.

Wir wissen heute aus der großen Rede, die Sir Edward Grey am 3. August 1914, am Tag vor dem Eintritt Englands in den Krieg, im Unterhaus gehalten hat, daß schon damals, während der ersten Marokkokrisis, die englisch-französische Entente eine militärische Ausgestaltung erhalten hat. Auf Wunsch des französischen Botschafters erklärte sich Sir Edward Grey damit einverstanden, daß die beiderseitigen militärischen und maritimen Stabschefs miteinander in regelmäßig wiederkehrende Beratungen eintreten sollten, deren Zweck die Vereinbarung über einen gemeinschaftlichen Feldzugsplan gegen Deutschland war. Formal wurde die Freiheit der Entschließung für den Eventualfall, dem diese gemeinschaftlichen Beratungen gelten sollten, vorbehalten. Was von diesem Vorbehalt materiell zu halten war, hat Sir Edward Grey selbst am 3. August 1914 im Unterhaus dargelegt; er führte damals aus, daß die Vereinbarung für England eine moralische Verpflichtung geschaffen habe, Frankreich zu helfen; er fügte hinzu, daß auf Grund des in eventum vereinbarten Feldzugsplans Frankreich seine Flotte im Mittelmeer konzentriert und damit seine westlichen und nördlichen Küsten unverteidigt gelassen, d. h. sie der englischen Flotte zur Verteidigung überlassen habe.

Die Abmachung zwischen Sir Edward Grey und dem französischen Botschafter über die Zusammenarbeit der beiderseitigen General- und Admiralstäbe war zunächst nur eine mündliche. Sie wurde in England seinerzeit nur dem damaligen Ministerpräsidenten Sir Henry Campbell Bannerman, Lord Haldane und Mr. Asquith mitgeteilt; das

Gesamtkabinett selbst wurde, wie Sir Edward Grey bekannte, „much later on“ — es ist anzunehmen während der Marokkokrisis von 1911 — informiert. Schriftlich niedergelegt, in Form eines Briefwechsels zwischen Sir Edward Grey und Mr. Paul Cambon, wurde die Abmachung erst am 22. November 1912. Das britische Parlament erhielt von ihr zum erstenmal Kenntnis am 3. August 1914, als der Eintritt Englands in den Krieg auf Grund dieser Abmachung bereits unabwendbar geworden war.

Die englisch-französische Kombination, die im Juli-August 1914 wirksam wurde, geht also bereits auf die Wende der Jahre 1905 und 1906 zurück.

Die militärische Zusammenarbeit wurde sofort auch auf Belgien ausgedehnt. Im Januar 1906 trat der britische Militärattaché in Brüssel an den belgischen Generalstabschef heran, um unter Hinweis auf die bestehende Kriegsgefahr und die Bedrohung der belgischen Neutralität vertrauliche militärische Unterhaltungen der gleichen Art, wie sie zwischen England und Frankreich begonnen worden waren, einzuleiten. Die Besprechungen, auf die der belgische Generalstabschef sich bedingungslos einließ, hatten als Grundlage die von dem britischen Militärattaché für den in Betracht kommenden Eventualfall angekündigte Landung eines britischen Expeditionskorps und seinen Durchmarsch durch Belgien; die Kooperation dieses Expeditionskorps mit dem belgischen Heer wurde im weiteren Verlaufe der Unterhaltungen in allen Einzelheiten durchberaten*.

Rußland, Frankreichs Verbündeter, war in den letzten Jahrzehnten, ehe die Engländer in Deutschland den gefährlichsten Rivalen zu erkennen glaubten, für England der Gegenstand der größten Sorge gewesen. Denn Rußland war die einzige Macht, die der britischen Weltstellung zu Lande bedrohlich werden konnte. Die völlige Unvereinbarkeit der britischen und russischen Strebungen galt lange Zeit hindurch als ein Axiom der Politik. Englands Verhältnis zu Deutschland selbst war bis zur Jahrhundertwende stark beeinflußt von dem britischen Wunsch, Deutschland als Gegengewicht gegen Rußland zu benutzen.

Dieser Wunsch wurde im Jahre 1900 endgültig als unausführbar erkannt. Aber die britische Politik hatte damals bereits ein anderes Gegengewicht gegen Rußland in Aussicht: Japan. Am 30. Januar 1902 wurde das britisch-japanische Bündnis unterzeichnet. Zwei Jahre später brach der russisch-japanische Krieg aus, der mit der Niederlage Rußlands und dem Zusammenbruch seiner ostasiatischen Politik endete.

* Daß diese einseitigen Beratungen mit einer bestimmten Mächtegruppe ein schwerer Verstoß gegen die belgische Neutralität waren, kann nicht wohl bestritten werden. Der Einwand, daß die in diesen Beratungen getroffenen Abmachungen nur im Falle einer Verletzung der belgischen Neutralität durch Deutschland in Kraft treten sollten, schlägt nicht durch. Die Beratungen selbst mußten der einen Partei einen tiefen und wertvollen Einblick in die belgischen Kriegsmittel geben, der der andern Partei nicht zuteil ward. Überdies hat später, am 23. April 1912, der damalige britische Militärattaché dem belgischen Generalstabschef rundheraus erklärt, daß die englische Regierung während der letzten Krisis (Marokkokrisis von 1911) eine Landung in Belgien auf jeden Fall vorgenommen haben würde, auch wenn Belgien keine Hilfe verlangt hätte.

Wie Frankreich durch Faschoda für England bündnisreif gemacht worden war, so jetzt Rußland durch den Ausgang des ostasiatischen Krieges. Die für das britische Weltreich gefährlichen russischen Aspirationen waren für absehbare Zeit so weit beschnitten, daß jetzt eine Verständigung möglich erschien. Deutschland wurde infolge der Schwächung Rußlands für England nun der konkurrenzlose Feind. Und wie sich England noch wenige Jahre zuvor um das deutsche Schwert gegen Rußland beworben hatte, so suchte es nunmehr Rußland für die Auseinandersetzung mit Deutschland auf seine Seite zu ziehen. Schon im September 1905 wurde dem von den Friedensverhandlungen in Portsmouth zurückkehrenden Grafen Witte in Paris ein von König Edward und dem russischen Botschafter in Petersburg ausgearbeiteter Vertragsentwurf vorgelegt. Witte zeigte sich zurückhaltend. Aber zwei Jahre später, am 31. August 1907, kam in Petersburg zwischen dem damaligen Minister des Auswärtigen, Iswolski, und dem britischen Botschafter ein dem damaligen Entwurf ungefähr entsprechender Vertrag zustande, der eine Auseinandersetzung der beiderseitigen Interessen in Persien, am Persischen Golf, in Tibet und in Afghanistan enthielt. Damit waren alte und gefährliche Reibungen zwischen den beiden Großmächten aus der Welt geschafft und dem bisher als unmöglich geltenden Zusammengehen von „Elefant und Walfisch“ der Weg bereitet. Gleichzeitig war der russische Druck, dem durch den Ausgang des Kriegs mit Japan der ferne Osten verschlossen worden war, nunmehr auch von Mittelasien auf den Balkan und die Türkei abgelenkt.

Nicht ganz ein Jahr später, im Juni 1908, traf König Edward mit dem Zaren Nikolaus in Reval zusammen. Alle Welt wußte, daß diese Zusammenkunft, die das größte Aufsehen erregte, den Fragen des näheren Orients, vor allem der mazedonischen Frage galt. Damit begab sich die russisch-britische Entente auf ein Gebiet, das — im Gegensatz zu Mittelasien, dem Objekt des Vertrages von 1907 — deutsche und vor allem österreichisch-ungarische Interessen von großer Bedeutung einschloß.

Seit jener Zeit konnte man mit Fug und Recht von der Triple-Entente, dem dreifachen Einvernehmen, sprechen. Was diese neue Kombination bedeutete, läßt sich am besten mit den Worten des belgischen Gesandten in Berlin, Baron Greindl, sagen:

„Der Dreibund hat während dreißig Jahren den Weltfrieden gesichert, weil er unter der Führung Deutschlands stand, das mit der politischen Gruppierung Europas zufrieden war. Die neue Gruppierung bedroht ihn, weil sie aus Mächten besteht, die eine Revision des status quo anstreben."*

Aber mit dem Zusammenschluß der drei Großmächte Frankreich-England-Rußland war die Änderung in der Mächtegruppierung noch keineswegs erschöpft. Unser

* Bericht vom 22. Juni 1907.

eignes Bündnissystem hatte, soweit Italien in Betracht kam, durch die internationalen Vorgänge eine unverkennbare Lockerung erfahren.

Ich habe bereits darauf hingewiesen, wie sehr auch nach Bismarcks Ansicht die Stellung Italiens im Dreibund bedingt war durch das Verhältnis zu England. Solange England in guten Beziehungen zum Dreibund stand, konnte sich Italien im Dreibund wohl geborgen fühlen. Je stärker sich der Gegensatz zwischen England und der führenden Macht des Dreibundes herausentwickelte, desto stärker mußte für Italien die Versuchung zu einer andern Orientierung werden, und desto geringer war, auch wenn Italien im Dreibund verblieb, der Wert des Bündnisses für den Ernstfall zu veranschlagen. Dazu kam, daß die Reibungspunkte Italiens mit Frankreich in den Hintergrund traten. Im Jahre 1898 wurde der langjährige Zollkrieg zwischen den beiden Ländern durch einen Handelsvertrag beendigt. Die Erinnerung an Tunis verblaßte, man fand sich um so eher mit dem seit bald zwei Jahrzehnten bestehenden französischen Protektorat über Tunis ab, als man jetzt nicht nur von England, sondern auch von Frankreich Zusicherungen in bezug auf Tripolis erhielt, die eine gewisse Kompensation für Tunis in Aussicht stellten (Erklärungen des Ministers Canevaro im Frühjahr 1899). Der Dreibundvertrag wurde zwar im Jahre 1902 ohne Veränderung erneuert; aber die Erneuerung vollzog sich, wie Fürst Bülow damals im Reichstag ausführte, nicht ohne

Schwierigkeiten. Vor der Erneuerung hatte der Reichskanzler im Reichstag das Wort gesprochen, daß der Dreibund nicht mehr eine absolute Notwendigkeit sei; nach der Erneuerung machte der italienische Ministerpräsident Rudini in der italienischen Kammer die Bemerkung, daß nach dem Einvernehmen mit Frankreich in den Fragen des Mittelländischen Meeres diejenige Besorgnis an Bedeutung verloren habe, die seinerzeit für den Eintritt Italiens in den Dreibund bestimmend gewesen sei. Wenn Rudini in der gleichen Rede ausführte, daß dank des Dreibundes Italien darauf rechnen könne, daß sich auf dem Balkan keine Kombination ohne sein Wissen und zu seinem Nachteil verwirklichen könne, so weist diese Bemerkung darauf hin, daß auf diesem klippenreichen Boden zwischen Italien und Österreich-Ungarn neue Reibungsmöglichkeiten entstanden waren, um deren Beseitigung man sich — für den Augenblick mit Erfolg — bemüht hatte. Im Herbst 1903 sprach König Victor Emanuel bei einem Besuche in Paris von dem „glücklich vollendeten Werk der Annäherung" zwischen Frankreich und Italien. Die Früchte zeigten sich auf der Konferenz von Algeciras.

Zur Vervollständigung des Bildes gehört ein Wort über unser Verhältnis zu Japan und zu den Vereinigten Staaten von Amerika.

Unsere Beziehungen zu dem aufstrebenden Reich der aufgehenden Sonne waren gute gewesen bis zu unserm

Eingreifen nach dem den chinesisch-japanischen Krieg beendigenden Frieden von Shimonoseki im Jahre 1895. In Gemeinschaft mit Rußland und Frankreich setzte damals Deutschland bei dem siegreichen Japan den Verzicht auf die ihm im Friedensvertrag zugesprochene Halbinsel Liautung durch. Die Intervention hat in Japan einen tiefen Stachel hinterlassen. Wenn für Deutschlands Beteiligung an dieser Aktion der Wunsch mitgesprochen hat, unsere Beziehungen zu Rußland — die nach der Nichterneuerung des Rückversicherungsvertrages, unseren deutlichen Versuchen einer guten Verständigung mit England und dem Abschluß der französisch-russischen Allianz gespannt geworden waren — wieder zu verbessern und den Zweibund gewissermaßen zu entschärfen, so haben wir zwar, soweit unser Verhältnis zu Japan in Betracht kam, die Kosten dieses Versuchs voll bezahlt, den Zweck jedoch nur teilweise und nur vorübergehend erreicht. Unsere Ende 1897 erfolgte Festsetzung in Kiautschou, an die sich kurz darauf die Festsetzung Rußlands in Port Arthur, der Südspitze der Japan wieder entrissenen Halbinsel Liautung, und die Festsetzung Englands in Wei-hai-wei anschlossen, war nicht geeignet, unsere Beziehungen mit Japan zu verbessern. Unsere Niederlassung in Kiautschou, die im offenbaren Einverständnis mit Rußland auf Grund der gemeinschaftlichen Aktion von 1895 erfolgte, schuf vielmehr eine den Japanern dauernd vor Augen liegende Erinnerung an unser für sie so empfindliches Eingreifen nach Shimonoseki.

Am 30. Januar 1902 wurde in London der Bündnisvertrag zwischen England und Japan abgeschlossen. Nach dem russisch-japanischen Krieg und der britisch-russischen Verständigung förderte England mit Erfolg die Wiederannäherung zwischen den beiden Gegnern. Auf diese Weise wurde Japan dem System der Triple-Entente angegliedert.

Die Vereinigten Staaten haben vor dem Krieg niemals Neigung gezeigt, sich in die Fragen der europäischen Politik einzumischen. Während des spanisch-amerikanischen Kriegs kam es zwischen dem deutschen und dem amerikanischen Geschwaderchef vor den Philippinen zu an sich unbedeutenden Mißverständnissen, die zu einer auffallend scharfen Stellungnahme der amerikanischen Presse gegen Deutschland führten. Die Differenzen, betreffend die Samoa-Inseln sind durch das Samoa-Abkommen von 1899 beseitigt worden. Die Venezuela-Affäre (1902/03), in der Deutschland mit England gemeinschaftlich vorging, zeigte abermals eine starke Voreingenommenheit der amerikanischen Presse und öffentlichen Meinung gegen Deutschland, dem ohne jeden Schatten eines Grundes allerlei törichte Pläne territorialer Erwerbungen auf amerikanischem Boden nachgesagt wurden. Auch handelspolitische Differenzen blieben nicht aus. Der wirkliche Kern aller dieser gelegentlichen Reibungen war bedeutungslos, und von deutscher Seite wurde mit Zähigkeit und nicht ohne Erfolg daran gearbeitet, in Amerika ein besseres

Verständnis für deutsches Wesen und deutsche Politik zu schaffen. Aber alle bei uns gelegentlich aufgetauchten Ideen, als ob die Vereinigten Staaten für uns ein wirksames Gegengewicht gegen eine Bedrohung durch Großbritannien und seine Mächtegruppe werden könnten, gehörten in das Reich weltfremdester Phantasie. Für jeden Kenner amerikanischer Verhältnisse stand es fest, daß im Falle einer Weltkonflagration die Sympathien Amerikas, trotz des starken deutsch-amerikanischen Einschlags, auf der Seite der Westmächte sein würden, und daß wir für uns günstigstenfalls eine Neutralität ohne besonderes Wohlwollen erwarten dürften.

So war die Mächtegruppierung um das Jahr 1908 beschaffen, zu der Zeit, als sich das große Verhängnis zusammenzuziehen begann. Die Ereignisse, die nun folgten — die bosnische Krisis von 1908/09, die Marokkokrisis von 1911, der türkisch-italienische Krieg, die beiden Balkankriege —, sind die unmittelbaren Vorläufer des Weltkriegs.

Während bei dem Abgang Bismarcks die Stellung Deutschlands unter den Großmächten über den Dreibund hinaus gesichert war durch den allerdings prekär gewordenen Rückversicherungsvertrag mit Rußland und das gute Verhältnis zu England, und während es dem auf Revanche sinnenden Frankreich damals noch nicht gelungen war, einen sicheren Bundesgenossen zu erlangen, war gegen Ausgang der Bülowschen Kanzlerschaft in der Triple-Entente eine starke Kombination mit deutlicher Spitze gegen Deutschland und Österreich-Ungarn entstanden, der überdies Japan durch das Bündnis mit England nahestand und die mit Italien in wichtigen Punkten sich verständigt hatte. Der Dreibund war isoliert und, soweit Italien in Betracht kam, unterhöhlt. Bismarcks „cauchemar des coalitions" war zur Wirklichkeit geworden. Wir mußten von jetzt ab damit rechnen, daß wir bei jedem ernsten Konflikt mit einer einzelnen der Großmächte, mit denen ein ernster Konflikt überhaupt denkbar war, uns einer starken Koalition gegenüber sehen würden.

Die treibenden Kräfte

Die Frage drängt sich auf: Wie hat es so kommen können? War es lediglich die geschicktere Diplomatie auf der Seite unserer Gegner, die es diesen ermöglicht hat, uns wichtige Figuren aus unserm Spiel zu nehmen und das eigne Spiel zu verstärken, oder haben elementare Kräfte des Völkerlebens den Strom des Geschehens in jene Bahnen gelenkt?

Persönlich stehe ich nicht an, der Gegenseite, insbesondere den Engländern, die größere diplomatische Geschicklichkeit, die überlegene Führung der Politik zuzuerkennen. Ihre Staatsmänner haben insbesondere die wesentliche Kunst verstanden, der großen Richtlinie ihrer Politik entgegenstehende Interessen und Gefühle, auch solche von an sich erheblichem Gewicht, unterzuordnen. Ich erinnere an Frankreichs Haltung nach Faschoda, an Englands Preisgabe wichtiger eigener Interessen in Marokko zur Gewinnung Frankreichs, in Mittelasien zur Gewinnung Rußlands. Unseren deutschen Staatsmännern ist es nicht in gleichem Maße geglückt, Reibungspunkte mit Staaten, die nicht notwendigerweise unsere Gegner sein mußten, rechtzeitig zu beseitigen. Angesichts der auch nach meiner Ansicht nicht vermeidbaren Zuspitzung unseres Verhältnisses zu Großbritannien und der Rückwirkung dieser Zuspitzung auf unsere Verteidigungsgrundlage, den Dreibund, mußten von langer Hand Sicherungen, selbst unter großen Opfern, geschaffen werden. Unsere Politik war jedoch eine Politik der mangelnden Gegengewichte. Ich erinnere an Japan, das wir uns durch unser Eingreifen nach dem Frieden von Shimonoseki zum Gegner gemacht haben und dem wir durch unsere Festsetzung in Kiautschou einen unmittelbaren Anreiz für den Fall einer kriegerischen Konflagration geradezu vor die Haustür gesetzt haben. Ich möchte behaupten, daß ohne unsere territoriale Festsetzung in Kiautschou — unsere Hafen- und Eisenbahnunternehmungen in der Türkei haben bewiesen, in welchem Maße weitgesteckte wirtschaftliche Ziele auch ohne territoriale Festsetzung erreicht werden können — Japan niemals aktiv gegen uns eingegriffen hätte; ebenso wie ich überzeugt bin, daß die Türkei, falls wir etwa in Haidar-Pascha oder Alexandrette bei irgendeiner Gelegenheit eine territoriale Festsetzung versucht hätten, im Weltkrieg statt unser Verbündeter unser Feind geworden wäre. Das ist meine Ansicht nicht erst seit dem Weltkrieg. Ich erinnere mich, die Auffassung, daß insbesondere Kiautschou, aber auch andere Teile unseres über die Welt zersplitterten Kolonialbesitzes, für den Ernstfall nicht Stützpunkte, sondern Reibungspunkte und Schwächepunkte darstellten, schon im Jahre 1904 als junger Hilfsarbeiter in der Kolonialabteilung des Auswärtigen Amtes dem Fürsten Bülow dargelegt zu haben.

Dazu kamen bei uns gewisse Ungeschicklichkeiten und Schroffheiten in der diplomatischen Taktik und in der Form unsrer Meinungs- und Gefühlsäußerungen, die im Ausland teils falsch verstanden, teils gegen uns ausgenutzt wurden. Ich erwähne als Beispiel unsre Haltung auf der Haager Friedenskonferenz von 1907. Die Leiter der deutschen Politik und das deutsche Volk waren gewiß mindestens von ebenso friedlichen Absichten beseelt wie die Leiter der britischen Politik und das britische Volk oder irgend jemand sonst. Aber England erschien Arm in Arm mit Spanien und den Vereinigten Staaten im weißen Gewand des Friedensengels mit dem Antrag, die Frage der Rüstungsbeschränkungen auf das Programm der Konferenz zu setzen, Deutschland dagegen erschien mit seinem Einspruch gegen diesen Vorschlag im eisernen Gewand des Kriegsgottes. Ich bin mit dem Fürsten Bülow einig in der Meinung, daß eine Diskussion der Abrüstungsfrage mangels greifbarer Vorschläge und angesichts der in der Sache liegenden Schwierigkeiten zu keinem praktischen Ergebnis geführt hätte. Ich halte es darüber hinaus für wahrscheinlich, daß für England der Hintergedanke bestimmend war, das Übergewicht seiner maritimen Rüstung ein für allemal völkerrechtlich zu sichern und jede aufstrebende Seemacht, vor allem Deutschland, ohne weitere Anstrengung und ohne weitern Kostenaufwand niederzuhalten. Aber gerade deshalb wäre es wohl die bessere Taktik gewesen, den Engländern die Aufgabe des Formulierens von Vorschlägen, die nicht nur für Deutschland unannehmbar gewesen wären, zu überlassen, statt von vornherein zu erklären: „An einer nach unsrer Überzeugung wenn nicht bedenklichen so doch unpraktischen Diskussion können wir uns nicht beteiligen."*

In dasselbe Kapitel gehören die oft lauten und weithin klingenden Worte, mit denen wir es liebten, unsern Willen zum Frieden durch ein allzu deutliches Betonen unsrer Bereitschaft zum Krieg zu unterstreichen. Wir hatten den Wunsch, nicht wieder wie in vergangenen Zeiten infolge unsrer geographischen Lage im Zentrum Europas zum Schlachtfeld fremder Nationen zu werden, und wir hatten aus der Geschichte durch die Schaffung einer starken Wehrmacht die Folgerung gezogen. Das war berechtigt. Aber es war nicht klug, beständig „das

* Worte des Fürsten Bülow in seiner Reichstagsrede vom 30. April 1907.

Schwert im Munde zu führen" und damit unsern Feinden im Ausland die Möglichkeit zu geben, das friedlichste Volk und den friedlichsten Monarchen der Welt ihrer öffentlichen Meinung als besessen vom Kriegsteufel hinzustellen. Wir haben auf diese Weise den Mythus von unsern kriegerischen Absichten gefördert und damit eine internationale Stimmung erzeugen helfen, die einer gegen uns gerichteten Koalitionsbildung den massenpsychologischen Untergrund gegeben hat.

Aber eine die ganze Welt von Grund aus umkehrende Wandlung der Beziehungen zwischen den Völkern, wie sie in den zwei Jahrzehnten seit Bismarcks Abgang eingetreten ist, wäre auch als Werk der vollendetsten Staatskunst und politischer Schulung nicht möglich gewesen, wenn nicht starke Triebkräfte und Entwicklungstendenzen innerhalb der einzelnen Völker den Boden für diese Wandlung geschaffen hätten.

Eine Betrachtung der in den wichtigsten der am Weltkrieg beteiligten Völker wirksamen Triebkräfte und Entwicklungstendenzen ergibt in großen Zügen folgendes Bild:

Das Deutsche Reich und Österreich-Ungarn waren im wesentlichen politisch saturiert. In Europa hatten beide Reiche keinerlei Wünsche auf Ausdehnung; ihr Ziel war die Erhaltung des status quo. Deutschlands koloniale Bestrebungen haben sich auf friedlichem Wege betätigt. Abgesehen von der Niederwerfung gelegentlicher Eingeborenenaufstände hat Deutschland um seine Kolonien keinen

Krieg geführt. Reibungen mit den auf dem kolonialen Felde konkurrierenden Mächten sind gelegentlich aus den kolonialen Gebietserwerbungen Deutschlands hervorgegangen; sie haben aber — abgesehen von der besonders gelagerten marokkanischen Angelegenheit — niemals einen für die große Politik bedeutsamen Charakter angenommen und niemals auch nur von weitem an die Gefahr kriegerischer Verwicklungen herangeführt.

Die intensive Anteilnahme Österreich-Ungarns an den Dingen auf dem Balkan war frei von territorialen Aspirationen und lediglich auf die Erhaltung und Befestigung des status quo gerichtet. Dasselbe gilt für die Stellung der beiden Reiche zur Türkei.

Das Bündnis der beiden Reiche hatte dementsprechend von Anfang an den ausschließlichen Zweck der Erhaltung und Verteidigung; Abmachungen über Beutezüge und Beuteverteilung hatten in ihm keinen Raum.

Anders bei den Mächten der gegnerischen Gruppe! Frankreichs Politik seit dem Krieg von 1870/71 war in erster Reihe diktiert von dem brennenden Wunsch nach Revanche für 1870 und Wiedergewinnung von Elsaß-Lothringen. Alle andern Rücksichten und Interessen, so wichtig sie an und für sich sein mochten, wurden in den 43 Jahren vom Frankfurter Frieden bis zum Ausbruch des Weltkriegs diesem einen Streben untergeordnet. Zu verwirklichen war dieses Streben nur durch Angriff und Eroberung. Für sich allein war Frankreich gegenüber dem an

Bevölkerungszahl überlegenen und zu immer stärkerer Überlegenheit heranwachsenden Deutschland zu schwach. Es brauchte und suchte deshalb eine Koalition und war für jede denkbare, gegen Deutschland gerichtete Koalition ein absolut sicherer Partner.

Auf kolonialem Gebiet hat Deutschland den starken Ausdehnungsbestrebungen Frankreichs keine Schwierigkeiten in den Weg gelegt. Es war im Gegenteil ein Zug der Bismarckschen Politik, die französischen kolonialen Bestrebungen zu fördern, in der Absicht, Frankreich von dem Revanchegedanken und dem Vogesenloch abzulenken und seinen überschüssigen Kräften außerhalb Europas ein Tätigkeitsfeld zu geben. So hat das in seiner Bevölkerung und seiner wirtschaftlichen Entwicklung kaum fortschreitende Frankreich unter wohlwollender Duldung Deutschlands sich seit dem Krieg von 1870/71 in Afrika und Ostasien ein gewaltiges Kolonialreich schaffen können, während Deutschland, trotz seines starken Bevölkerungsüberschusses und seines wirtschaftlichen Ausdehnungsbedürfnisses, sich mit einem überaus mageren Anteil an der kolonialen Welt begnügte.

Einzig und allein Marokko hat unter den überseeischen territorialen Fragen Anlaß zu ernster Reibung zwischen Deutschland und Frankreich gegeben. Aber auch hier entstand die Reibung und die Kriegsgefahr nicht etwa daraus, daß Deutschland territoriale Erwerbungen beabsichtigt hätte, sondern lediglich aus dem französischen

Wunsch, Marokko — ohne Rücksicht auf die dort vorhandenen erheblichen deutschen Interessen zu nehmen und ohne Deutschland überhaupt darum zu begrüßen — sich einzuverleiben. Auch hier lag die aggressive und annexionistische Politik bei Frankreich, während Deutschland lediglich den durch einen internationalen Vertrag gewährleisteten status quo vertrat. Im übrigen war es das Streben der deutschen Politik, die Marokkofrage ohne Krieg zu erledigen, ein Streben, das durch den Vertrag vom November 1911 auch zur Durchführung kam.

Die Haltung Rußlands zum Zweibund war weniger durch Fragen bedingt, die unmittelbar zwischen Deutschland und Rußland gespielt hätten, sondern so gut wie ausschließlich durch das in der Hauptsache durch die Balkanfragen beeinflußte Verhältnis zwischen Rußland und Österreich-Ungarn. Deutschland hat dem starken russischen Ausdehnungsdrang nach Osten niemals irgend etwas in den Weg gelegt. Es hat im Gegenteil die in erster Linie im russischen Interesse liegende Intervention nach dem Frieden von Shimonoseki mitgemacht und sich dadurch die Gegnerschaft Japans zugezogen; es hat späterhin sich England gegenüber geweigert, auf Grund des Abkommens von 1900 sich an einem Vorgehen gegen die Bestrebungen Rußlands in der Mandschurei zu beteiligen, und hat damit zweifellos ein Erhebliches zu der endgültigen Abkehr Englands von Deutschland und zum britisch-französischen Zusammenschluß beigetragen; es hat schließlich im russisch-japanischen Krieg Rußland gegenüber eine wesentlich wohlwollendere Neutralität gezeigt als dessen französischer Bundesgenosse. Auch in Mittelasien hat Deutschland den Russen niemals die geringsten Schwierigkeiten bereitet. Österreich-Ungarn war an allen diesen Fragen überhaupt niemals interessiert.

Dagegen schuf der Drang Rußlands nach Konstantinopel und dem Balkan einen äußerst gefährlichen Konfliktsstoff. Insbesondere seitdem der Ausgang des japanischen Kriegs und die Verständigung mit England über Mittelasien vom Jahre 1907 die russischen Expansionsbestrebungen vom fernen und mittleren Osten abgelenkt hatten, warf sich der panslawistische Geist mit verstärkter Gewalt auf den näheren Orient und propagierte dort Umwälzungen, die nicht nur das Gleichgewicht auf dem Balkan, sondern auch den Bestand der österreichisch-ungarischen Monarchie in ihren südslawischen Landesteilen unmittelbar gefährdeten. Je mehr durch die für Deutschland ungünstige Entwicklung der Mächtegruppierung Deutschland sich auf das Bündnis mit Österreich-Ungarn angewiesen sah, desto mehr mußte die deutsche Politik in der Erhaltung der Donaumonarchie ein Lebensinteresse für Deutschland selbst erblicken, desto größer wurde die Gefahr, daß die russische Balkanpolitik zu einer Konflagration unabsehbaren Umfanges führen könnte; wie denn schließlich der Weltkrieg auf balkanischem Boden sich vorbereitet hat und zum Ausbruch gekommen ist.

Gegenüber den unmittelbar Österreich-Ungarn berührenden russischen Balkanaspirationen traten Rußlands Absichten auf Konstantinopel und die übrige Türkei in ihrer Bedeutung als Konfliktsstoff zurück. Zwar hatte Deutschland seit dem Ausgang der achtziger Jahre des vorigen Jahrhunderts an der Türkei durch die Begründung weitausschauender Unternehmungen ein stärkeres Interesse genommen und ein freundschaftliches Verhältnis zum Türkischen Reiche hergestellt; aber da Rußland seit dem Berliner Kongreß keine direkten Aspirationen auf türkisches Gebiet hervorkehrte, blieben die aus den deutschen und russischen Bestrebungen in der Türkei sich ergebenden Reibungen, soweit sie sichtbar in Erscheinung traten, im wesentlichen auf Fragen zweiter Ordnung beschränkt, die niemals eine kritische Zuspitzung erfuhren. Immerhin: je größer die deutschen Interessen in der Türkei wurden, je mehr Deutschland als Schutzmacht der Türkei erschien, desto mehr gewöhnte man sich in Rußland daran, an Stelle Englands in Deutschland das wesentliche Hindernis der Ausführung des Testaments Peters des Großen zu erblicken, desto mehr kam die russische öffentliche Meinung zu der Überzeugung, daß der Weg nach Konstantinopel nicht nur über Wien, sondern auch über Berlin führe.

Italien, unser Genosse im Dreibund, war gleichfalls nicht frei von Ausdehnungswünschen, die Anlaß zu Konflikten geben konnten. Über die gegen Österreich gerichteten irredentistischen Bestrebungen brauche ich kein Wort zu sagen; sie wurden während der Dauer des Dreibundverhältnisses lediglich um größerer Interessen willen notdürftig niedergehalten, bedeuteten aber stets eine latente Gefahr. Dann hatte Italien, seitdem Frankreich sich Tunis angeeignet hatte, ein Auge auf das türkische Tripolis geworfen, eine Begehrlichkeit, die geeignet war, zum mindesten das freundschaftliche Verhältnis des deutschen Bundesgenossen zur Türkei erheblich zu belasten.

England mit seinem riesigen Kolonialreich hat in all den Jahren seit der Einleitung unserer Kolonialpolitik keine territoriale Differenz mit uns gehabt, die hätte kritisch werden können. Wir haben England bei der Ausgestaltung seines Imperiums keine Schwierigkeiten in den Weg gelegt, haben uns vielmehr über die afrikanischen und polynesischen Kolonialfragen mit ihm in einer keineswegs kleinlichen Weise verständigt. Auch in Ägypten, diesem für das britische Weltreich so wichtigen Lande, haben wir England freie Hand gelassen. Im Burenkriege hat die Reichsregierung, trotz der starken Erregung der deutschen öffentlichen Meinung gegen England, eine durchaus korrekte Neutralität beobachtet. Vielfach hat sich England mit Deutschland zur Aufrechterhaltung des status quo und der offenen Tür zusammengefunden. Jedenfalls war auch England in keinem Winkel der Welt durch deutsche Angriffs- oder Eroberungsabsichten irgendwie bedroht.

Dagegen enthielt unser Verhältnis zu England einen andern Zündstoff, der verhängnisvoll geworden ist:

Deutschland zeigte auf wirtschaftlichem Gebiet einen Ausdehnungsdrang, in dem England, je länger desto mehr, eine ernstliche Bedrohung seiner industriellen und kommerziellen Suprematie, und damit eine Bedrohung seiner Weltherrschaft überhaupt, erblickte.

Die politische Einigung Deutschlands und die Sicherung seiner Stellung unter den Völkern hatte den Druck gelöst, der bisher die Entfaltung der deutschen Wirtschaft gehemmt hatte. Das starke Wachstum der deutschen Bevölkerung und die noch stärkere Zunahme unserer Gütererzeugung hob unsere wirtschaftliche Kraft und wies uns in steigendem Maße auf den Güteraustausch mit dem Ausland und die Betätigung im Ausland. In der Entwicklung der wichtigsten Industriezweige, unseres Außenhandels, unserer Handelsflotte, hatten wir unter den Völkern der Welt Höchstleistungen aufzuweisen. In der Roheisenproduktion, in der wir um die Mitte der achtziger Jahre des vorigen Jahrhunderts noch um die Hälfte hinter England zurückstanden, haben wir im Jahre 1903 England mit einer Erzeugung von mehr als zehn Millionen Tonnen zum erstenmal überflügelt, und im letzten Jahre vor dem Krieg hatten wir fast das Doppelte der englischen Produktion erreicht. In der Steinkohlengewinnung hatten wir vor dem Krieg die stolzen Ziffern Englands nahezu eingeholt. In der Warenausfuhr waren wir England gleichfalls hart aufgerückt; unser Export nach den nicht zum britischen Imperium gehörigen Gebieten hatte sogar denjenigen Englands nach den gleichen Ländern erheblich übertroffen. Der Raumgehalt der Dampfschiffe unserer Handelsflotte war seit der Mitte der achtziger Jahre des vorigen Jahrhunderts auf mehr als das Sechsfache gestiegen. Unter den Handelsflotten der Welt hatten wir — in einem allerdings noch gewaltigen Abstand nach England — die zweite Stelle erreicht. An Leistungsfähigkeit hielten unsere Schiffe jeden Vergleich. In allen Teilen der Welt betätigte sich in zunehmendem Maße deutscher Unternehmungsgeist; er wagte sich auch an Aufgaben von Weltrang, wie große Eisenbahn- und Hafenunternehmungen, die vordem als die ausschließliche Domäne Englands und etwa noch Frankreichs gegolten hatten.

Es war friedlicher Wettbewerb, die Ausübung des Naturrechts der Völker auf Arbeit und deren Früchte. Und doch war der Erfolg dieses unseres friedlichen Wettbewerbs auf den Märkten der Welt der ausschlaggebende Faktor für die Gestaltung unseres politischen Verhältnisses zu England und damit für den Zusammenschluß der uns feindlichen Weltkoalition. Im Besitz von gewaltig überlegenen weltpolitischen Machtmitteln, des weitaus größten Kolonialreichs der Welt, der weitaus stärksten Flotte und der die wichtigsten Meeresstraßen beherrschenden Stützpunkte, sah England sich vor die Versuchung gestellt, seine durch unsern Wettbewerb bedrohte wirtschaftliche Weltstellung mit den Gewaltmitteln zu erhalten, die sie geschaffen hatten.

Insbesondere der wirtschaftliche Aufschwung Deutschlands von der Mitte der 90er Jahre an alarmierte Englands kommerzielle und politische Kreise in zunehmendem Maße. Das Stigma „made in Germany" verfehlte offenkundig seinen Zweck, ja es wurde geradezu eine Enthüllung der wachsenden industriellen und kommerziellen Leistungsfähigkeit des deutschen Wettbewerbs. Angesehene Staatsmänner, weit verbreitete und einflußreiche Zeitungen und Zeitschriften wiesen warnend und mahnend auf die deutsche Gefahr hin. Schon frühzeitig bezeichnete Lord Rosebery Deutschland als den gefährlichsten Nebenbuhler Großbritanniens: „Wir sind bedroht durch einen furchtbaren Gegner, der uns benagt wie das Meer die schwachen Teile eines Küstenlandes. Der Handel des vereinigten Königreichs verringert sich unaufhörlich, und was er verliert, das gewinnt in der Hauptsache Deutschland." Und wenn Lord Rosebery noch in erster Reihe daran dachte, seine Landsleute zu einer Bekämpfung des deutschen Wettbewerbs durch eine Nachahmung der deutschen Rührigkeit, der deutschen technischen Schulung und Organisation anzufeuern, so regten sich doch bald Stimmen, die unter Berufung auf die britische Geschichte und Tradition unzweideutig dazu aufforderten, das Schwert in die Wagschale des wirtschaftlichen Wettbewerbs zu werfen. Die „Saturday Review" schrieb schon im August 1895:

„Vor allem andern: Wir Engländer haben bisher immer unsre Nebenbuhler im Handel mit Krieg überzogen; und unser Hauptnebenbuhler im Handel ist heute nicht Frankreich, sondern Deutschland. Im Fall eines Krieges mit Deutschland würden wir sicher viel gewinnen und nichts verlieren, während wir in einem Krieg mit Frankreich, einerlei wie sein Ausgang wäre, sicher schwere Verluste erleiden würden."

Bewußt oder unbewußt, ausgesprochen oder unausgesprochen hat dieser Gedanke seither die englische Politik beeinflußt.

Im September 1897 schrieb die „Saturday Review", anknüpfend an eine von der „Times" Bismarck zugeschriebene Bemerkung:

„Bismarck hat längst erkannt, was nun auch das britische Volk einzusehen beginnt, daß es in Europa zwei große, unversöhnlich sich bekämpfende Kräfte gibt, zwei große Nationen, die den ganzen Erdkreis zu ihrer Domäne machen und von ihm Handelstribut einfordern möchten. England, mit seiner langen Geschichte erfolgreicher Angriffskriege, mit seinem wunderbaren Glauben, daß es in der Verfolgung seiner eigenen Interessen zugleich Licht unter den im Dunkel lebenden Völkern verbreitet, und Deutschland, Blut von dem gleichen Blut, Bein von dem gleichen Bein, mit einer geringeren Willenskraft, aber vielleicht einer schärferen Intelligenz ausgestattet, treten in jedem Winkel des Erdballs in Wettbewerb. In Transvaal, am Kap, in Mittelafrika, in Indien, in Ostasien, auf den Inseln der Südsee und im fernen Nordwesten, überall wo die Flagge der Bibel und der Handel der Flagge gefolgt ist, steht der deutsche Handlungsreisende mit dem britischen Kaufmann im Kampf. Überall wo es gilt, ein Bergwerk auszubeuten oder eine Eisenbahn zu bauen, einen Eingeborenen von der Brotfrucht zum Büchsenfleisch, von der Enthaltsamkeit zum Branntwein zu bekehren, da suchen Deutsche und Engländer sich gegenseitig auszustechen. Eine Million kleiner Reibungen schafft den größten Kriegsfall, den die Welt je gesehen hat. Wenn Deutschland morgen aus der Welt ausgelöscht wäre, so gäbe es übermorgen in der Welt keinen Engländer, der dadurch nicht reicher geworden wäre. Nationen haben jahrelang um eine Stadt oder um eine Erbfolge gekämpft: müssen wir nicht fechten um einen jährlichen Handel von 200 Millionen Pfund? Was Bismarck sich vorstellt und was auch wir bald einsehen werden, ist die Tatsache, daß nicht nur der greifbarste Interessenstreit zwischen England und Deutschland da ist, sondern auch daß England die einzige Großmacht ist, die Deutschland ohne furchtbare Gefahr und ohne Zweifel am Erfolg bekämpfen kann... Die Vermehrung der deutschen Flotte hat nur die Wirkung, den Schlag Englands um so schwerer auf sie niederfallen zu lassen. Ein paar Tage nur, und die deutschen Schiffe werden auf dem Meeresgrund liegen oder als Prisen nach den britischen Häfen gebracht werden. Hamburg und Bremen, der Kieler Kanal und die Ostseehäfen würden unter den britischen Kanonen liegen, bis die Kriegsentschädigung gezahlt wäre. Nach getaner Arbeit würden wir Frankreich und Rußland nur zu sagen brauchen: sucht euch Kompensationen, nehmt euch von Deutschland, was ihr wollt — ihr könnt es haben!" Den Schluß bildete das „ceterum censeo Germaniam esse delendam".

Diese Sätze, die den Geist der britischen Geschichte und Politik besser enthüllen, als irgendeiner der im feindlichen Ausland so oft zitierten Aussprüche von Treitschke, Nietzsche oder Bernhardi die Gesinnung des deutschen Volkes, sind geschrieben siebzehn Jahre vor Ausbruch des Weltkriegs, zu der Zeit, als die deutsche Regierung ihre erste bescheidene Flottenvorlage an den Reichstag brachte. Als Fürst Bismarck, wenige Monate später, von dem Engländer Sidney Whitman befragt wurde, wie nach seiner Ansicht die Beziehungen zwischen den beiden Ländern gebessert werden könnten, ließ er antworten: „Er bedaure, daß die Beziehungen zwischen Deutschland und England nicht besser seien, als sie eben sind. Bedauerlicherweise wisse er kein Mittel dagegen, da das einzige ihm bekannte, das darin bestehe, daß wir unserer Industrie einen Zaum anlegten, nicht gut verwendbar sei." Der aus Deutschlands wirtschaftlichem Aufschwung erwachsende deutsch-englische Gegensatz als eine unentrinnbare, durch kein Mittel aus der Welt zu schaffende Fatalität ist in diesen Worten Bismarcks treffend gekennzeichnet.

Die Reibung zwischen der deutschen wirtschaftlichen Expansion und der von England als wohlerworben prätendierten Stellung wurde besonders erbittert und gefährlich, wenn Deutschlands Bestrebungen in Gebieten, die England als in seine Interessensphäre fallend oder als für den Zugang zu seiner Interessensphäre wichtig in Anspruch nahm, auch nur von ferne den Charakter einer territorialen Festsetzung anzunehmen drohten. Das wichtigste und bezeichnendste Beispiel hierfür ist der langjährige und hartnäckige Widerstand Englands gegen das von Deutschland in Angriff genommene Unternehmen der Bagdadbahn, über den später noch zu sprechen sein wird. Der englische Kampf gegen dieses Projekt erklärt sich in der Hauptsache daraus, daß die britischen Staatsmänner und die britische öffentliche Meinung in dieser Bahn einen außerhalb der britischen Kontrolle stehenden Zugang zum Persischen Golf und die Möglichkeit einer deutschen Festsetzung an dessen Küsten, darin aber eine Bedrohung Indiens erblickten.

Daß das Deutsche Reich angesichts seiner sich immer mehr ausdehnenden überseeischen Interessen und des Wachstums seiner Handelsflotte das Bedürfnis nach einer Verstärkung seines maritimen Schutzes empfand und betätigte, liegt in der Natur der Dinge. Deutschlands Kriegsflotte stand zur Zeit des Regierungsantritts Wilhelms II. an fünfter Stelle. Mit großem Vorsprung nahm England den ersten Platz ein, es folgten Frankreich, Italien, Rußland und dann erst Deutschland. Die Überlegenheit Englands auf diesem Gebiet war so gewaltig, daß sie auch durch die stärksten Anstrengungen des im Gegensatz zu England durch die Notwendigkeit eines starken Landheeres beschwerten Deutschen Reiches unmöglich ernsthaft in Frage gestellt werden konnte. Die dem Ausbau der deutschen Kriegsflotte gestellten Aufgaben und gezogenen Grenzen sind seinerzeit klar ausgesprochen worden in der Begründung des deutschen Flottengesetzes von 1900:

„Um unter den bestehenden Verhältnissen Deutschlands Seehandel und Kolonien zu schützen, gibt es nur ein Mittel: Deutschland muß eine so große Schlachtflotte besitzen, daß ein Krieg auch für den seemächtigsten Gegner mit derartigen Gefahren verbunden ist, daß seine eigene Machtstellung in Frage gestellt wird."

Gleichwohl erregten die deutschen Flottenpläne in England von Anfang an Unruhe und Besorgnis. Wenn man sich schon durch das weltwirtschaftliche Wachstum Deutschlands beeinträchtigt und bedroht fühlte, so noch mehr durch die Aussicht auf eine erhebliche Verstärkung der deutschen Machtmittel zur See. Deutschlands überseeische und koloniale Betätigung mochte in England manchem als noch erträglich erscheinen, solange diese Betätigung mangels einer ins Gewicht fallenden deutschen Flotte gewissermaßen auf der Gnade und dem guten Willen Englands stand; sie wurde alarmierend von dem Augenblicke an, in dem Deutschland seiner werdenden Wirtschaftsmacht in einer eigenen starken Flotte eine entsprechende Machtgrundlage zu geben versuchte.

Je deutlicher man in England erkannte, daß das Deutsche Reich sein durch die Gesetze von 1898 und 1900 festgelegtes Flottenprogramm mit einer unerwarteten Präzision durchführte, desto größer wurde in England die Unruhe, und desto mehr wurde die Flottenfrage zum Angelpunkt des deutsch-englischen Verhältnisses. „Mit dem Auge auf die englische Politik mußte unsere Flotte gebaut werden," so schreibt Fürst Bülow in seinem Buch über die deutsche Politik, „— und so ist sie gebaut worden. Der Erfüllung dieser Aufgabe hatten meine Bemühungen auf dem Felde der großen Politik in erster Linie zu gelten." Wie ein roter Faden zieht sich durch des Fürsten Bülow Darstellung seiner auswärtigen Politik die Notwendigkeit, eine ausreichend starke deutsche Flotte zu schaffen, ohne es zum Kriege mit England kommen zu lassen.

Das Verhältnis der Kriegsflotte zu den zu schützenden See- und Überseeinteressen war bei Deutschland auch nach den Flottengesetzen von 1898 und 1900 ganz offenkundig ungünstiger als bei irgendeiner andern großen Nation. Auch das Flottengesetz von 1905, das die deutsche Kriegsflotte, entsprechend der Stellung Deutschlands in der Weltwirtschaft, an den zweiten Platz brachte — in weitem Abstand nach England — stellte das Gleichgewicht weltwirtschaftlicher Interessen und maritimer Machtmittel noch nicht annähernd her. Wenn trotzdem die deutschen Versuche, durch Schaffung eines Risikos für eine angreifende Flotte wenigstens einen mittelbaren Schutz für unsere weltwirtschaftlichen Interessen aufzubauen, in England in so hohem Maße Unruhe, Verdacht und Erregung hervorriefen, so konnte man das bedauern und gegen die Folgen Deckungen suchen, aber ebensowenig ohne Selbstaufgabe vermeiden wie die aus unsern wirtschaftlichen Fortschritten erzeugte Reibung.

Bis zu welchem Grade schon frühzeitig die Empfindlichkeit über unsere Flottenpolitik in England, namentlich in Marinekreisen, gestiegen war, in welchem Maße sie das Verlangen nach einem gegen Deutschland zu führenden Schlag auslöste, enthüllte sich anläßlich des Zwischenfalls an der Doggerbank im Herbst 1904. Die auf der Fahrt von Libau nach den ostasiatischen Gewässern begriffene baltische Flotte Rußlands beschoß damals nächtlicherweile aus Versehen eine englische Fischerflotte, die sie für japanische Torpedoboote hielt. Die Erregung in England war ungeheuer und richtete sich merkwürdigerweise auf Grund der abenteuerlichsten Gerüchte und Vermutungen nicht nur gegen Rußland, sondern auch gegen Deutschland, das mit dem ganzen Vorfall nicht das mindeste zu tun hatte. Damals schrieb die der britischen Admiralität nahestehende „Army and Navy Gazette“, der Augenblick scheine gekommen, mit der deutschen Flotte ein Ende zu machen; die russische Flotte sei, vielleicht für immer, aus der Nordsee verschwunden, die deutsche Kriegsflotte stehe dort völlig allein, jetzt oder nie sei für England die Gelegenheit, die mit jedem Jahr drohender anwachsende deutsche Flotte ein für allemal zu beseitigen. Mit der Vertretung dieser Auffassung blieb die „Army and Navy Gazette“ in der englischen Presse nicht allein. Noch deutlicher war eine Rede, die der Zivillord der britischen Admiralität, Mr. Arthur Lee, im Februar 1905 über die damals eingeleitete Neuorganisation der britischen Flotte hielt. Er führte aus, England müsse mit größerer Besorgnis als nach andern Stellen nach der Nordsee blicken. Der Gedanke, daß England eher mit der Möglichkeit einer Gefahr aus dieser Richtung als im Mittelmeer rechnen müsse, habe die neue Flottenverteilung und die Indienststellung der ganzen Schiffsreserven nötig gemacht. „Wir glauben,“ fügte er hinzu, „an das alte Wort: Dreimal gesegnet derjenige, welcher den ersten Schlag führt! Und ich hoffe, daß im Falle einer Gefahr die britische Flotte in der Lage sein wird, den ersten Schlag, und einen recht wuchtigen dazu, zu führen, noch ehe die andere Macht gewahr wird, daß der Krieg erklärt ist.“

Zu dieser Rede bemerkte „Daily Chronicle“: „Der Preis für Englands Freundschaft müßte das Aufgeben der Kriegsrüstung auf seiten Deutschlands sein. Wenn die deutsche Flotte im Oktober vorigen Jahres (Doggerbank-Zwischenfall) zerstört worden wäre, wäre der Friede Europas für 60 Jahre gesichert gewesen.“

Die folgenden Jahre brachten Versuche zu einer Verständigung über die beiderseitigen Flottenrüstungen. Diese Versuche, über die weiter unten noch gesprochen werden wird, erreichten ihren Höhepunkt mit der Haldaneschen Mission im Jahre 1912.

Die Flottenfrage ist nur der eine Teil des allgemeinen Rüstungsproblems. Ebenso wie der Ausbau der deutschen Flotte in England als Zeichen deutscher kriegerischer Absichten ausgegeben wurde, ebenso hat man in der Stärke und in den periodischen Verstärkungen unseres Landheeres den Ausdruck deutschen Kriegs- und Herrscherwillens sehen wollen. Sir Edward Grey hat am 22. März 1915 im Unterhaus diesen Gedanken in die Worte gekleidet: „Wir wissen jetzt, daß die deutsche Regierung für den Krieg Vorbereitungen getroffen hat, wie sie nur ein Volk, das den Krieg beabsichtigt, treffen kann."

Daß Deutschlands Lage in der Mitte Europas, daß seine geschichtlichen Erfahrungen und daß schließlich die Gestaltung der Mächtegruppierung in den letzten Jahrzehnten ein starkes Heer als Verteidigungsinstrument und Friedensschutz notwendig machten, daß mithin die Schaffung und der Ausbau eines starken deutschen Heeres an sich noch kein Beweis kriegerischer Absichten Deutschlands sein kann, ist vor dem Kriege auch von Staatsmännern anerkannt worden, die späterhin kaum genug anklagende Worte gegen den friedenstörenden deutschen Militarismus finden konnten. Lloyd George hat in einer Rede in der Queens Hall am 28. Juli 1908 ausgeführt:

„Betrachten Sie Deutschlands Lage! Für Deutschland ist sein Heer, was für uns die Flotte ist: seine einzige

Verteidigung gegen eine Invasion. Deutschland hat keinen Zwei-Mächte-Standard geschaffen. Deutschland mag ein stärkeres Heer haben als Frankreich, als Rußland, als Italien, als Österreich; aber es steht zwischen zwei Großmächten, die zusammen eine weit größere Truppenzahl aufstellen können, als Deutschland sie hat. Vergessen Sie das nicht, wenn Sie sich wundern, warum Deutschland Allianzen und Ententen fürchtet und gewisse geheimnisvolle Machenschaften, die in der Presse durchscheinen ... Denken Sie sich, wir ständen hier vor einer Kombination, die uns der Invasion preisgäbe, denken Sie sich, Deutschland und Frankreich oder Deutschland und Rußland oder Deutschland und Österreich hätten Flotten, die kombiniert stärker wären als die unsrige, wären wir nicht erschreckt? Würden wir nicht rüsten? — Selbstverständlich würden wir rüsten!"

Und noch am 1. Januar 1914 schrieb Lloyd George im „Daily Chronicle":

„Die deutsche Armee ist lebenswichtig nicht nur für die Existenz des Deutschen Reiches, sondern auch für das nackte Leben und die Unabhängigkeit des deutschen Volkes selbst, da nun einmal Deutschland umgeben ist von andern Nationen, deren jede ein Heer besitzt ungefähr ebenso stark wie das deutsche selbst. Wir vergessen, daß während wir für den Schutz unserer eignen Küsten auf einer sechzigprozentigen Überlegenheit unserer Seestreitkräfte gegenüber Deutschland bestehen, Deutschland nichts, was einer solchen Überlegenheit nahekommt, Frankreich gegenüber besitzt und außerdem natürlich an seiner Ostgrenze mit Rußland zu rechnen hat. Deutschland hat nichts, was einem Zwei-Mächte-Standard ähnlich sieht. Deutschland ist deshalb durch gewisse neuere Ereignisse alarmiert worden und ist deshalb im Begriff, hohe Summen für die Verstärkung seiner militärischen Machtmittel aufzuwenden."

Diese sachliche Beurteilung trug dem wirklichen Tatbestand insofern noch nicht einmal ganz Rechnung, als die russische Armee der deutschen an Zahl bedeutend überlegen war und als die Anstrengungen Deutschlands, seine Volkskraft für das Heer auszunutzen, weit hinter den Anstrengungen Frankreichs zurückblieben. Nach einer im britischen Unterhaus im Juni 1913 gegebenen Auskunft betrug damals die Friedenspräsenz des russischen Heeres 1 284 000 Mann, während die Friedenspräsenz des deutschen Heeres durch das neue Militärgesetz auf 822 000 Mann gebracht werden sollte. Die Friedenspräsenz des französischen Heeres wurde für die Zukunft auf 742 000 Mann beziffert, diejenige des österreichisch-ungarischen Heeres auf 474 000 Mann. Das russische Heer war also dem deutschen um etwas mehr als die Hälfte überlegen. Die gleiche zahlenmäßige Überlegenheit hatte das vereinigte russisch-französische Heer gegenüber dem deutsch-österreichisch-ungarischen Heer. Die Friedensstärke des französischen Heeres kam derjenigen des deutschen nahezu gleich, obwohl Deutschland eine Bevölkerung von 68 Millionen,

Frankreich eine solche von rund 40 Millionen hatte. Unmittelbar vor dem Kriege kam auf je eine Million Einwohner eine Friedensstärke der Armee von rund 20 000 Mann in Frankreich, von nur 12 300 Mann in Deutschland. Die Ausgaben für Heer und Flotte waren vor dem Krieg, auf den Kopf der Bevölkerung gerechnet, in Frankreich und England bedeutend größer als in Deutschland. Dazu finanzierte Frankreich die gewaltigen Kosten der russischen Heeresverstärkungen und der für den Aufmarsch gegen Deutschland bestimmten russischen strategischen Eisenbahnen. Und schließlich steigerte Frankreich seine militärische Kraftanstrengung, in der es ohnedies schon allen andern Völkern weit voraus war, im Jahre 1913 durch die Rückkehr zur dreijährigen Dienstzeit; es übernahm damit — wie heute als erwiesen gelten kann*, auf russischen Druck — eine Last, die das französische Volk angesichts der Heranziehung des letzten einigermaßen tauglichen Mannes zum Militärdienst ohne die schwerste wirtschaftliche Schädigung unmöglich für lange Zeit hätte tragen können.

Trotzdem Deutschlands Rüstungen so sehr hinter denjenigen der Länder des gegnerischen Verbandes, namentlich hinter den Kraftanstrengungen Frankreichs, zurückblieben — und das in der von Lloyd George noch Anfang 1914 anerkannten, besonders schwierigen Lage —, wurde in den Jahren vor dem Krieg jeder Schritt Deutschlands, der

* Siehe E. D. Morel, Truth and the War, London 1916, S. 148ff.

eine den Rüstungen der möglichen Gegner und der schwieriger gewordenen politischen Konstellation angepaßte Verstärkung unseres militärischen Schutzes anstrebte, als Bedrohung des Weltfriedens ausgeschrien. Ich war selbst Zeuge der ungeheuren Erregung, die die Einbringung unserer Militärvorlage von 1913 auf einflußreiche Kreise Frankreichs machte. Diese Vorlage war mehr als ausreichend durch die Machtverschiebung begründet, die der erste Balkankrieg herbeigeführt hatte. In Frankreich aber sah man in dem Willen Deutschlands, die gesetzlich bestehende, aber bisher nicht völlig verwirklichte allgemeine Dienstpflicht tatsächlich durchzuführen, nur die sich daraus für Frankreich ergebende Unmöglichkeit, die Friedensstärke des Heeres, trotz des gewaltigen Abstandes der Bevölkerung gegenüber Deutschland, auch weiterhin auf annähernd derselben Höhe wie das deutsche Heer zu halten. Man sah es geradezu als eine Herausforderung Frankreichs an, daß Deutschland unter dem steigenden Druck der politischen Bedrohung endlich dazu überging, seine Bevölkerungsüberlegenheit gegenüber Frankreich — nicht etwa voll auszunutzen, davon war keine Rede, sondern überhaupt nur in bescheidenem Umfang ins Spiel zu setzen. Rußland durfte mit französischem Geld ein Heer aufbauen und ausrüsten, das eineinhalbmal so stark war wie das deutsche allein und ungefähr ebenso stark, wie das deutsche und österreichisch-ungarische zusammengenommen. Wenn aber das nicht nur von Frankreich, sondern auch von Rußland bedrohte Deutschland Miene machte, seine Friedenspräsenz auf Grund seiner der französischen um mehr als 60 Prozent überlegenen Bevölkerung auf einen Stand zu bringen, den Frankreich allein nicht mehr halten konnte, so war das eine unmittelbare Bedrohung und ein brutaler Erdrosselungsversuch. Und Sir Edward Grey darf sagen, daß die deutschen Rüstungen solche waren, wie sie nur ein Volk, das den Krieg beabsichtigt, treffen kann!

Der auf den vorstehenden Blättern gegebene Überblick zeigt:

Die Koalition, der wir uns im Kriege gegenübersahen, hatte ihre Gemeinsamkeit in Zielen, die nur durch eine Niederkämpfung Deutschlands und Österreich-Ungarns zu erreichen waren: das Verlangen Frankreichs nach Revanche und der Wiedergewinnung Elsaß-Lothringens; der Drang Rußlands nach Konstantinopel und seine Förderung der allslawischen Bestrebungen, die in letzter Linie auf eine Bedrohung des Bestandes der österreichisch-ungarischen Monarchie hinauskamen; der Wunsch Italiens, die „unerlösten Gebiete" Österreichs sich anzugliedern; die Sorge Englands um seine durch den deutschen Wettbewerb bedrohte wirtschaftliche Weltstellung und sein Argwohn gegen die deutsche Flotte. Demgegenüber war auf unsrer Seite die Politik seit der Verwirklichung unsrer nationalen Einheit in Verteidigungsstellung: wir wünschten, ebenso wie Österreich-Ungarn, die Erhaltung unseres eignen politischen und territorialen Bestandes, waren auf dem Balkan und auch sonst in der Welt wesentlich an der Erhaltung des status quo interessiert, wollten offene Tür, freies Feld und Schutz für unsre wirtschaftliche Betätigung. Fürst Bülow hat einmal vom Dreibund gesagt, er sei eine Versicherungsgesellschaft, keine Erwerbsgesellschaft. Von der Triple-Entente kann man sagen, daß sie in erster Linie eine Erwerbsgesellschaft war. Die britisch-französische Entente begann mit einem Aufteilungsvertrag, ebenso die britisch-russische Entente. Die Erwerbsgesellschaft zeigte eine wesentlich stärkere Anziehungskraft als die Versicherungsgesellschaft; denn über das bloß negative Ziel der Sicherung des Bestehenden hinaus konnte sie Zuwachs an Land und Macht als lockende Aussicht zeigen. Je mehr es der geschickten Politik namentlich Englands gelungen war, die Reibungen zwischen sich und seinen alten Gegnern Frankreich und Rußland teils durch gewaltsame Aktionen, teils durch kluges Entgegenkommen zu beseitigen, desto mehr trat die einigende Kraft der nur durch eine Niederzwingung der Mittelmächte zu erreichenden Ziele und geheimen Wünsche in Wirksamkeit, desto leichter wurde es der britischen Staatskunst, ihre gegen Deutschland, die stärkste Kontinentalmacht und den gefährlichsten Rivalen in der Weltwirtschaft und der Seegeltung, gerichtete Einkreisungspolitik durchzuführen. Um so schwerer wurde es auf der andern Seite für die deutsche Politik, sich der drohenden Isolierung zu erwehren. Die Durchbrechung des Ringes, der sich enger und enger um uns zusammenzog, wäre nur möglich gewesen durch die Preisgabe gewaltiger eigner materieller und ideeller Interessen oder durch eine Opferung Österreich-Ungarns und den Versuch der Bildung einer ganz neuen Mächtegruppierung. Und auch dann wäre der Erfolg unsicher geblieben. Der aufrichtige Wille zum Frieden und die Bereitschaft, in Fragen, die nicht direkt unsre oder unsres Verbündeten Lebensinteressen berührten, den Mächten der gegnerischen Koalition weitestes Verständnis und Entgegenkommen zu zeigen, haben nicht genügt, die politische Einschnürung zu lockern und den Krieg zu vermeiden.

Die Etappen zum Weltkrieg

Im Sommer 1908 war der diplomatische Aufmarsch der gegnerischen Koalition im wesentlichen beendigt. Alle wichtigeren Streitfragen zwischen England, Frankreich und Rußland waren beglichen oder zum mindesten zurückgestellt. Japan war durch das Bündnis mit England an das System der Triple-Entente angeschlossen; Italien war, trotz des Fortbestehens seiner formalen Zugehörigkeit zum Dreibund, durch die mit ihm getroffenen Abmachungen materiell neutralisiert. Alle nicht bereinigten großen Konflikte und alle ernsthaft ins Auge zu fassenden Konfliktsmöglichkeiten betrafen das Verhältnis von Ländern der Triple-Entente zu Deutschland und Österreich-Ungarn. Das Schicksal der Welt hing davon ab, ob bei dieser stark angespannten Lage die Kräfte und Strömungen die Oberhand gewinnen würden, die auf ein vorsichtiges Ausgleichen der Reibungen und Abbiegen der Reibungsmöglichkeiten hinwirkten, oder diejenigen Strömungen und Kräfte, die den Zündstoff zur Explosion bringen mußten.

Die bosnische Krisis

Die Entwicklung der Dinge auf dem Untergrunde dieser Gesamtlage erfuhr noch im Sommer des Jahres 1908 einen folgenschweren Antrieb in der türkischen Revolution. Der Sturz des absolutistischen Regimes Abdul Hamids und die Errichtung der Herrschaft des jungtürkischen Komitees rollte plötzlich die türkische Frage wieder auf, die für den Weltfrieden stets besonders gefährlich gewesen war. Bedeutete die Revolution den Beginn der endgültigen Zersetzung oder eine Konsolidierung des Türkischen Reiches? Alte Wünsche und Befürchtungen wurden neu geweckt. Zunächst konnte die Entente mit Befriedigung registrieren, daß der innere Umschwung die Stellung Deutschlands in der Türkei schwer bedrohte. Deutschland als bisheriger Freund der Türkei galt als mit dem bisherigen Regime auf Gedeih und Verderb verknüpft. Die zur Macht gekommenen jungtürkischen Führer hatten bisher zum großen Teil als Verbannte in Paris und London gelebt und dort in ihren politischen Bestrebungen Förderung erfahren. Die Straßen Konstantinopels hallten jetzt wider von lauten Ovationen für den britischen, den französischen, ja sogar den russischen Botschafter, während der bisher als allmächtig geltende Vertreter Deutschlands, Freiherr von Marschall, plötzlich zur Einflußlosigkeit verdammt schien.

Die Lage wurde für uns noch bedeutend erschwert durch einen Schritt, den Österreich-Ungarn im Oktober 1908 unternahm. Der Leiter der österreichisch-ungarischen Politik, Baron Aehrenthal, glaubte sich genötigt, angesichts der durch den inneren Umsturz in der Türkei ins Ungewisse gestellten Verhältnisse und angesichts des mächtigen Antriebes, den — unter Förderung durch Rußland und England — die slawische Bewegung auf dem Balkan erhalten hatte, die Stellung Österreich-Ungarns in Bosnien und der Herzegowina zu klären. Im Berliner Vertrag hatte Österreich-Ungarn auf Wunsch der Großmächte die Besetzung und Verwaltung dieser Länder für unbestimmte Zeit übernommen und in den seither verflossenen dreißig Jahren ein großes Stück Kulturarbeit geleistet, das es jetzt durch den jungtürkischen Umsturz und seine balkanischen Folgeerscheinungen nicht in Frage stellen lassen wollte. Am 5. Oktober 1908 proklamierte Österreich-Ungarn die Erstreckung seiner Souveränität auf die beiden Länder. Gleichzeitig erklärte Bulgarien, das bisher formell türkischer Vasallenstaat gewesen war, seine Unabhängigkeit, wie man in der Türkei annahm, auf Grund einer Verständigung mit Österreich-Ungarn.

Die Erregung in der Türkei war ungeheuer. Obwohl de facto Bosnien und die Herzegowina seit dreißig Jahren von der Türkei losgetrennt waren und die Türkei seither niemals irgendwelche Souveränitätsrechte in diesen Ländern ausgeübt hatte, empfanden die Jungtürken die österreichisch-ungarische Proklamation als einen Faustschlag ins Gesicht, und von seiten der den Mittelmächten nicht wohlgesinnten Mächte geschah natürlich alles, um Öl ins Feuer zu gießen.

Deutschland als der Verbündete Österreich-Ungarns wurde für den der jungen Türkei zugefügten Affront mitverantwortlich gemacht. Der deutsche Botschafter Freiherr von Marschall, der von dem Schritt Aehrenthals genau so überrascht wurde wie die Türken, sah die durch den inneren Umschwung ohnedies bedrohten Früchte seiner langjährigen und erfolgreichen Arbeit in der Türkei durch das Vorgehen des Bundesgenossen, dessen Notwendigkeit er nicht anerkannte, ernstlich in Frage gestellt. Ich war damals von der Deutschen Bank nach Konstantinopel, meinem im Juli, kurz vor Ausbruch der Revolution, verlassenen früheren Wirkungskreis, gesandt worden, um unter den schwierig gewordenen Verhältnissen die Interessen des in der Türkei investierten deutschen Kapitals und der dort arbeitenden deutschen Unternehmungen wahrzunehmen. Herr von Marschall machte mir aus seinem Unmut und seiner abfälligen Beurteilung der Aehrenthalschen Politik kein Hehl und beauftragte mich, nach meiner Rückkehr nach Berlin dem Fürsten Bülow seine Befürchtungen eindringlich auseinanderzusetzen. Ich entledigte mich dieses Auftrages. Der Fürst hörte meine Darlegungen aufmerksam an und antwortete mir dann: „Sagen Sie dem Baron Marschall, wenn Sie wieder nach Konstantinopel kommen, daß es in der deutschen Geschichte keinen zweiten Basler Frieden geben darf, und daß ich jedenfalls einen Basler Frieden nicht machen werde." Er setzte mir dann auseinander, daß Österreich-Ungarn die großserbische Bewegung als eine vitale Gefahr für die Monarchie ansehe und wohl auch ansehen müsse; daß wir keine Möglichkeit hätten, Österreich-Ungarn bei seinen Abwehrmaßnahmen gegen diese Gefahr in den Arm zu fallen, daß uns vielmehr die politische Gesamtkonstellation nötige, uns ohne Wanken und Schwanken hinter unseren Bundesgenossen bei der Wahrung seiner Lebensinteressen zu stellen. Der Türkei gegenüber müsse sich unsere Hilfe darauf beschränken, daß wir ihr zu einem für Österreich-Ungarn annehmbaren Ausgleich verhülfen und ihr im übrigen auf andern Gebieten ihre schwierige Lage soweit wie möglich erleichterten.

Nach diesem Programm wurde gehandelt. Unter Mitwirkung der deutschen Diplomatie kam im Februar 1909 eine Verständigung zwischen Österreich-Ungarn und der Türkei zustande.

Aber die Einverleibung Bosniens und der Herzegowina in die österreichisch-ungarische Souveränität war nicht nur gegenüber der Türkei durchzukämpfen, sondern in noch viel stärkerem Maße gegenüber andern nicht unmittelbar beteiligten Mächten. Vor allem kam es in Serbien geradezu zu einem Wutausbruch; man betrachtete dort Bosnien und die Herzegowina als großserbisches Gebiet und sah in der von Österreich-Ungarn ausgesprochenen

Annexion eine gegen die großserbischen Aspirationen gerichtete Maßnahme. Die ganz offen zum Kriege treibende großserbische Partei fand Rückendeckung bei Rußland, obwohl Iswolski, damals Minister der Auswärtigen Angelegenheiten in Petersburg, wenige Wochen vor der Verkündigung der Annexion von Baron Aehrenthal, allerdings ohne Terminangabe, über die österreichische Absicht verständigt worden war und keinen Widerspruch erhoben hatte. Bezeichnend war aber vor allem, daß fast noch mehr als Rußland die britische Regierung sich entrüstete und Stellung gegen Österreich-Ungarn nahm. Die britische Regierung, die wenige Jahre zuvor mit Frankreich über die marokkanischen Angelegenheiten eine Abmachung getroffen hatte, die nicht nur eine formale sondern auch eine schwerwiegende materielle Verletzung der Madrider Konvention war, stellte sich jetzt gegenüber dem Vorgehen Österreich-Ungarns, das allerdings einen formalen Verstoß gegen den Berliner Vertrag bedeutete, materiell aber keine Änderung in dem bisherigen Zustande schuf, mit aller Strenge auf den an sich zweifellos berechtigten Standpunkt, daß internationale Verträge nur im Einverständnis der sämtlichen Unterzeichner abgeändert werden dürften. In Petersburg arbeitete die britische Diplomatie, vertreten durch den Botschafter Sir Arthur Nicolson, den Vater der britisch-russischen Entente, mit allen Mitteln auf eine Verschärfung des österreichisch-russischen Konflikts. Obwohl keinerlei britische Interessen im Spiel waren, sagte die britische Regierung der russischen die weitestgehende diplomatische Unterstützung zu. Es liegen Anzeichen dafür vor, daß auch über die diplomatische Unterstützung hinaus die britische Regierung der russischen jede Aufmunterung zuteil werden ließ, die für eine kriegerische Zuspitzung erforderlich war. Ebenso wie im Jahre 1905 der französischen Regierung für den Fall eines kriegerischen Austrages der Marokkofrage militärische Unterstützung angeboten worden war, wurde jetzt der russischen Regierung die Aussicht auf britische Waffenhilfe gezeigt. Späterhin ist eine Äußerung Sir Edward Greys bekanntgeworden, die dieser nach Rußlands Einlenken zu dem russischen Geschäftsträger getan hat: Die Entscheidung über Krieg und Frieden hänge in England nicht von der Regierung, sondern von der öffentlichen Meinung ab; er habe aber das Gefühl gehabt, daß die öffentliche Meinung in England genügend vorbereitet gewesen sei, um der Regierung ein Eingreifen Englands an der Seite Rußlands in den Krieg zu ermöglichen.

Die deutsche Politik der „Nibelungentreue" erzielte damals einen vollen Erfolg. Trotz der englischen Aufstachelung zog es die russische Regierung vor, auf einen deutschen Vorschlag einzugehen, der ihr ermöglichte, bei der Aufgabe des Widerspruchs gegen den österreichisch-ungarischen Schritt einigermaßen das Gesicht zu wahren. Es ist kein Zweifel, daß die klare Bekundung der unbedingten Entschlossenheit des Deutschen Reichs, auf jede Gefahr hin zu dem österreichisch-ungarischen Verbündeten zu stehen, in erster Reihe dazu beigetragen hat, den Krieg zu vermeiden. Ein von Deutschland nicht unzweideutig gedecktes Österreich-Ungarn hätte entweder sich den lärmenden Forderungen der Serben und ihrer Hintermänner unterwerfen müssen, oder es wäre zum Krieg gekommen, den gegen Österreich-Ungarn und Deutschland zu führen man sich an der Newa nach der Schwächung durch den russisch-japanischen Krieg und die inneren Wirren nicht stark genug fühlte.

Verständigungsversuche mit Frankreich und Rußland

Frankreich zeigte, im Gegensatz zu England, in jener Krise eine bemerkenswerte Zurückhaltung. Diese mag verursacht gewesen sein einmal dadurch, daß man in Paris die mangelhafte Bereitschaft des russischen Bundesgenossen genau kannte; dann aber mag mitgewirkt haben, daß gerade in jener Zeit die deutsche Regierung Verhandlungen mit Frankreich über die Schaffung eines modus vivendi in Marokko einleitete, die am 9. Februar 1909 zu einem Abkommen führten, das man in Frankreich als weitherziges deutsches Entgegenkommen mit Fug und Recht betrachten konnte. Während die französische Regierung erneut die Unabhängigkeit und Integrität des Sultanats Marokko zu respektieren versprach, erkannte die deutsche Regierung die besonderen politischen Interessen Frankreichs an der Festigung des Friedens und der Ordnung im Innern Marokkos an und stellte ausdrücklich fest, daß sie selbst in Marokko lediglich wirtschaftliche Interessen verfolge. Dafür verpflichtete sich die französische Regierung, die kaufmännischen und industriellen Interessen Deutschlands in Marokko nicht zu beeinträchtigen. Schließlich kamen beide Regierungen dahin überein, keinerlei wirtschaftliches Vorzugsrecht in Marokko zu schaffen und dahin zu streben, ihre Staatsangehörigen in den Geschäften, deren Ausführung ihnen übertragen werden könnte, zu gemeinschaftlichem Vorgehen zu verbinden.

Das Abkommen mit Frankreich war, ebenso wie die glückliche Beilegung des österreichisch-russischen Konflikts, im wesentlichen das Werk des Gesandten von Kiderlen-Wächter, der damals in Vertretung des erkrankten Herrn von Schoen das Auswärtige Amt leitete.

Kiderlens Absicht war, die marokkanische Streitfrage in einer für Deutschland erträglichen Weise zu liquidieren, dadurch das deutsch-französische Verhältnis von einer schweren Belastung zu befreien und darüber hinaus ein wirtschaftliches Zusammenarbeiten der beiden Nationen herbeizuführen und so auf einem nicht unwichtigen Gebiet, das bisher Reibungsfläche war, eine Interessensolidarität zu begründen. Es ist dies, in der Anwendung auf den marokkanischen Einzelfall, der Grundgedanke der Politik, die Kiderlen in den folgenden Jahren als Staatssekretär des Auswärtigen Amtes in Übereinstimmung mit dem Reichskanzler von Bethmann Hollweg verfolgt hat, um die gespannte politische Atmosphäre zu entlasten und den Ring der Einkreisung zu lockern.

Ein nach dieser Richtung gehender Versuch wurde im Jahre 1910 mit Rußland eingeleitet. Die Verhältnisse lagen hier besonders schwierig. Die bosnische Angelegenheit hatte auch nach ihrer formalen Beilegung eine tiefgehende Verstimmung Rußlands gegen Österreich-Ungarn hinterlassen. Das kam symptomatisch zum Ausdruck, als der Zar im Herbst 1909 den König von Italien in Racconigi besuchte und sowohl auf der Hinreise wie auf der Rückreise einen großen Umweg machte, um jede Berührung österreichisch-ungarischen Gebietes zu vermeiden. Die Tatsache dieser Begegnung selbst, an der auch die beiderseitigen Minister teilnahmen und bei der die Fragen des Balkans zweifellos einen wichtigen Gegenstand der Unterhaltungen bildeten, war ein weiteres Anzeichen der Annäherung Italiens an den Dreiverband und der Ausbildung des italienisch-österreichischen Gegensatzes in den Balkanangelegenheiten.

Die Bemühungen der deutschen Regierung, in den Beziehungen zu Rußland eine Entspannung herbeizuführen, hatten schließlich den Erfolg, daß gegen Ende des Jahres 1910 eine Zusammenkunft des Zaren, der von seinem neuen Minister des Auswärtigen, Herrn Ssasonoff, begleitet war, mit Kaiser Wilhelm II. in Potsdam zustande kam. Das

Ergebnis der Verhandlungen zwischen den beiderseitigen Staatsmännern war einmal ein solches allgemein-politischer Natur, dann ein Sonderabkommen, das sich auf Persien und die Bagdadbahn bezog.

Über das allgemeine politische Ergebnis teilte Herr von Bethmann Hollweg am 10. Dezember 1910 im Reichstag mit:

„Als Resultat der letzten Entrevue möchte ich bezeichnen, daß von neuem festgestellt wurde, daß sich beide Regierungen in keinerlei Kombination einlassen, die eine aggressive Spitze gegen den andern Teil haben könnte. In diesem Sinne haben wir insbesondere Gelegenheit gehabt zu konstatieren, daß Deutschland und Rußland ein gleichmäßiges Interesse an der Aufrechterhaltung des status quo am Balkan und überhaupt im nahen Orient haben und daher keinerlei Politik unterstützen werden — von welcher Seite sie auch kommen könnte —, welche auf Störung jenes status quo gerichtet wäre."

Das in Potsdam vereinbarte Sonderabkommen enthielt von deutscher Seite die Anerkennung der politischen Sonderstellung Rußlands in Nordpersien unter Vorbehalt der Gleichberechtigung des Handels aller Nationen. Während Deutschland sich am Bau von Eisenbahnen und sonstigen Verkehrsanlagen in Persien nördlich einer gewissen Linie desinteressierte, übernahm es Rußland, das persische Eisenbahnnetz auszubauen. Rußland sagte ferner zu, dem Ausbau der Bagdadbahn, den es bisher nach Kräften zu hindern versucht hatte, nicht weiter entgegen sein zu wollen und den auf persischen Boden fallenden Teil einer Verbindungsbahn Bagdad—Teheran innerhalb einer bestimmten Zeit herzustellen; wenn diese Verpflichtung nach Ablauf der Frist nicht erfüllt sei, sollte russischerseits der Ausführung auch des persischen Teils der Verbindungsbahn durch Deutschland nicht widersprochen werden.

Wenn die allgemein-politische Vereinbarung von russischer Seite ehrlich gemeint und im weiteren Verlauf der Dinge ehrlich durchgeführt worden wäre, so wäre sie eine für die weitere Entwicklung der Völkergeschichte hochbedeutsame Entschärfung der gegen den Zweibund Deutschland-Österreich-Ungarn gerichteten Tendenzen des Dreiverbandes gewesen.

Das Sonderabkommen stellte für Rußland eine Ergänzung zu dem Abkommen mit England vom Jahre 1907 dar. Die deutsche Politik verfolgte mit dem Abkommen das Ziel, durch Zugeständnisse an Rußland in Persien die Streitfragen der Bagdadbahn zwischen Rußland und Deutschland zu begleichen und in der in Aussicht genommenen Verbindung zwischen dem russisch-persischen und dem deutsch-türkischen Eisenbahnnetz in ähnlicher Weise eine Grundlage für solidarische Interessen zu schaffen, wie es gegenüber Frankreich in dem Marokko-Abkommen vom Februar 1909 versucht worden war.

In England und namentlich in Frankreich war die Erregung über die deutsch-russische Aussprache groß. Es setzte sofort der stärkste diplomatische und publizistische Druck auf Rußland ein, um die Potsdamer Verständigung abzuschwächen oder unwirksam zu machen. Die Haltung der russischen Regierung zeigte bald, daß dieser Druck nicht ohne Einfluß blieb. Die Mitteilungen des deutschen Reichskanzlers über den allgemein-politischen Teil der Potsdamer Verständigung wurden von russischer Seite niemals klar und präzis bestätigt, freilich auch nicht abgestritten. Die von Deutschland gewünschte schriftliche Fixierung des allgemein-politischen Ergebnisses der Potsdamer Aussprache wurde von der russischen Regierung nicht beliebt. Auch die schriftliche Festlegung des Sonderabkommens verzögerte sich, nicht zum wenigsten unter der Einwirkung französischer Quertreibereien, um eine Anzahl von Monaten; es wurde erst am 19. August 1911 in Petersburg unterzeichnet.

Die Marokkokrisis von 1911

Die von Deutschland versuchte Entspannung der politischen Lage stellte sich nicht ein.

Die deutsch-französischen Beziehungen blieben auch nach dem Abkommen vom Februar 1909 unter dem Einfluß der Marokko-Angelegenheit. Es zeigte sich bald, daß das genannte Abkommen die Marokkofrage nicht zur Liquidation gebracht hatte. Die Franzosen zeigten sich schwierig in der Zulassung deutscher Unternehmungen zur

Beteiligung an den großen wirtschaftlichen Aufgaben, die in Marokko zu lösen waren, insbesondere auf dem Gebiet des Bergbaus, der Eisenbahnen und des Hafenbaus. Auf der andern Seite beobachtete man in Deutschland mit steigendem Mißtrauen, wie Frankreich die Anerkennung seiner politischen Sonderstellung in Marokko dazu benutzte, um durch allerlei an sich kleine und unscheinbare Expeditionen die von ihm gleichfalls anerkannte Souveränität und Integrität des Sultanats Marokko mehr und mehr zu unterhöhlen. Jeder Teil warf dem andern vor, daß er mehr verlange, als ihm zustehe, während er ihm das vorenthalte, was ihm das Abkommen zugesprochen habe. Nur daß Deutschlands Ansprüche auf Beteiligung an den wirtschaftlichen Unternehmungen des Landes dauernd platonisch blieben, während Frankreichs fortschreitende militärische Durchdringung des Sultanats und die im Frühjahr 1910 mit der Gewährung einer großen Anleihe herbeigeführte französische Kontrolle über die sämtlichen marokkanischen Einnahmen durchaus reale Tatsachen darstellten.

Die Lage wurde unerträglich, als Frankreich im Frühjahr 1911, eine angebliche Bedrohung der Europäer zum Vorwand nehmend, den Vormarsch auf die Landeshauptstadt Fez aufnahm und diese am 21. Mai 1911 besetzte. Die deutsche Regierung erhob zwar gegen diese Unternehmung, die den letzten Rest von Unabhängigkeit des Sultanats vor aller Welt klar zerstörte, keinen offiziellen Einspruch, ließ jedoch durch halbamtliche Kundgebungen und auch in Unterhaltungen mit dem französischen Botschafter in Berlin keinen Zweifel daran, daß durch das Vorgehen Frankreichs die Algeciras-Akte tatsächlich beseitigt und dadurch der deutschen Regierung freie Hand gegeben sei. Die deutsche Politik hatte nicht die Absicht, die von ihr als wiedergewonnen festgestellte Handlungsfreiheit zu benutzen, um nun ihrerseits in Marokko zu intervenieren; ihre Absicht war vielmehr, mit Frankreich über Marokko nunmehr zu einem direkten Abkommen zu gelangen, wie es Frankreich vor Algeciras mit England, Spanien und Italien abgeschlossen hatte. Allerdings war Kiderlen nicht gewillt, die Franzosen Marokko entgegen der Algeciras-Akte und entgegen dem deutsch-französischen Abkommen vom Februar 1909 einfach in die Tasche stecken zu lassen, ohne daß mit Deutschland darüber auch nur ein Wort gesprochen würde. Eine solche Verwirklichung der alten Delcasséschen Politik der Ignorierung Deutschlands, über die Algeciras-Akte und das Februar-Abkommen hinaus, war Kiderlen entschlossen, unter allen Umständen zu verhindern.

Das Gelbbuch, das die französische Regierung später veröffentlicht hat, gibt Zeugnis davon, mit welcher Eindringlichkeit Kiderlen dem französischen Botschafter in Berlin, Jules Cambon, schon vor der Besetzung von Fez Vorschläge wegen einer Verständigung nahelegte. Schon am 14. März 1911 sagte — nach Ausweis des Gelbbuchs — Sir Edward Grey zu dem französischen Botschafter in London, Paul

Cambon: „Les conversations de M. de Kiderlen avec M. Jules Cambon semblaient indiquer chez le Gouvernement Allemand un désir d'entente"; und am 7. April, zehn Tage vor der Entscheidung über die Entsendung des Expeditionskorps nach Fez, teilte Kiderlen dem französischen Botschafter in Berlin schriftlich mit, daß er, falls die Verhältnisse in Marokko sich zuspitzen sollten, durchaus bereit sei, mit der französischen Regierung in einen Meinungsaustausch über die Maßnahmen einzutreten, die diese dann glaube ergreifen zu sollen.

Die französische Regierung zog es vor, den Marsch auf Fez zu befehlen, ohne in den von der deutschen Regierung für diesen Fall nahegelegten Meinungsaustausch einzutreten.

Nach der Besetzung von Fez wurden die Hinweise des Kanzlers und Kiderlens auf die Unhaltbarkeit der dadurch geschaffenen Lage häufiger und dringlicher. Am 21. und 22. Juni hatte Kiderlen in Kissingen eine Aussprache mit Jules Cambon, der daraufhin nach Paris reiste. „Rapportez-nous quelque chose de Paris" — mit diesen Worten verabschiedete sich Kiderlen von seinem Gast. Aber auch dieser letzte Versuch, Frankreich zu einer gütlichen Auseinandersetzung mit Deutschland über Marokko zu bewegen, blieb in Paris ohne jeden Widerhall.

Wenn Deutschland sich nicht gänzlich auf die Seite drücken und sich die hartnäckige Mißachtung seiner durch die Algeciras-Akte verbrieften Stellung in Marokko ohne

Gegenwehr gefallen lassen wollte, mußte jetzt mit einer nicht mehr zu verkennenden und nicht mehr zu ignorierenden Handlung eingegriffen werden. Die deutsche Regierung entschloß sich zur Entsendung des „Panther" nach Agadir.

Der Zweck dieses Schrittes, der alsbald in Frankreich und England die größte Aufregung hervorrief, ist nach dem oben Ausgeführten klar: Frankreich sollte gezwungen werden, endlich mit Deutschland über Marokko ernsthaft zu sprechen und für das von ihm angestrebte Protektorat die deutsche Zustimmung ebenso durch das Angebot von Kompensationen zu sichern, wie es sich die Zustimmung Englands, Spaniens und Italiens früher erworben hatte. An territoriale Kompensationen in Marokko selbst dachte die deutsche Regierung nicht; sie wollte im Gegenteil die Marokkofrage endgültig ausräumen, Frankreich politisch ganz freie Hand lassen und sich nur einen ausreichenden vertragsmäßigen Schutz für die deutschen Unternehmungen und die Freiheit des deutschen Handels sichern. Die eigentliche Kompensation für Marokko suchte die deutsche Politik auf kolonialem Gebiet. Aber da es sich darum handelte, für die Aufgabe des deutschen Mitbestimmungsrechtes über Marokko andere Kompensationen einzuhandeln, konnte das deutsche Mitbestimmungsrecht, solange ausreichende Kompensationen nicht gesichert waren, nicht aufgegeben, es mußte vielmehr nach Möglichkeit unterstrichen werden.

Im Ausland wie in Deutschland selbst entstand zunächst der Eindruck, als ob mit dem Erscheinen des „Panther" auf der Reede von Agadir eine deutsche Festsetzung in Marokko beabsichtigt sei. Als dann später die Grundzüge des mit Frankreich verhandelten Abkommens bekannt wurden, bildete sich die Meinung heraus, daß die deutsche Regierung, gezwungen durch das von ihr nicht vorausgesehene Eingreifen Englands, gegen ihre ursprüngliche Absicht auf einen Anteil an Marokko verzichtet habe.

Diese Auffassung ist falsch. Die deutsche Regierung hat von Anfang an bekanntgegeben, daß mit der Entsendung des „Panther" eine Besitzergreifung nicht beabsichtigt sei. Sie hat mit dem französischen Botschafter über die Anerkennung des französischen Protektorats über Marokko gegen territoriale Kompensationen in Mittelafrika schon verhandelt, ehe Lloyd George am 21. Juli seine berühmt gewordene Rede im Mansion-House hielt. Wie wenig aber den sich für Marokko interessierenden deutschen Kreisen der Gedanke, aus Marokko ganz herauszugehen, in den Kopf wollte, zeigt folgender kleine Vorfall:

Nachdem Kiderlen, der am 1. Juli, dem Tag des Erscheinens des „Panther" vor Agadir, von Berlin abwesend war, zurückgekehrt war, besuchte ich ihn im Auswärtigen Amt. Ich traf im Vorzimmer einen bekannten alldeutschen Schriftsteller, der mir erzählte, er habe sich bei Kiderlen anmelden lassen, um ihm zu der Sicherung des deutschen Anteils an Marokko zu gratulieren. Als mich Kiderlen nach dem kurzen Besuch dieses Herrn empfing, fragte ich ihn nach dem Verlauf der Unterhaltung. Kiderlen schlug sich mit der flachen Hand vor die Stirn und sagte lachend: „Ich habe ihm ganz deutlich gesagt, daß wir in Marokko gar nichts wollen; aber ich hatte gut reden: der dumme Kerl (in Wirklichkeit war der Ausdruck noch etwas derber) hat es mir einfach nicht geglaubt."

Der Verlauf der Angelegenheit ist bekannt. Nachdem die französische Regierung begriffen hatte, daß Deutschland nicht gewillt sei, sich ausschalten zu lassen, begann sie durch ihren Berliner Botschafter Verhandlungen auf der von der deutschen Regierung gewünschten Grundlage einer Kompensation in Mittelafrika. Die ohnedies nicht leichten Verhandlungen wurden durch die Einmischung Englands noch wesentlich erschwert. Obwohl England sich in dem Abkommen von 1904 Frankreich gegenüber in Marokko völlig desinteressiert hatte, erklärte Sir Edward Grey bereits drei Tage nach dem Erscheinen des „Panther" vor Agadir, daß England keine neue Abmachung anerkennen werde, die ohne seine Mitwirkung zustandegekommen sei. Die englische Presse tat alles, um die durch den „coup d'Agadir" gereizte französische Empfindlichkeit noch weiter aufzustacheln. Die Absicht, es nicht zu einem friedlichen Ausgleich zwischen Frankreich und Deutschland kommen zu lassen, war unverkennbar. Den Höhepunkt erreichte dieses Treiben mit der Rede, die Lloyd George, nach Feststellung ihres Wortlautes im Ministerrat, am

21. Juli 1911 im Mansion-Haus gehalten hat; deren Hauptstelle lautete:

„Wenn uns eine Situation aufgezwungen würde, in welcher der Friede nur durch das Aufgeben der großen und wohltätigen Stellung erhalten werden könnte, die England sich in Jahrhunderten des Heldentums und des Erfolges errungen hat, und nur dadurch, daß Großbritannien in Fragen, die seine Lebensinteressen berühren, in einer Weise behandelt würde, als ob es im Rat der Nationen gar nicht mehr mitzähle, dann würde ein Friede um jeden Preis eine Erniedrigung sein, die ein großes Land, wie das unsrige, nicht ertragen könnte."

Während also Frankreich unter Führung des einer Verständigung geneigten Ministerpräsidenten Caillaux verhandelte, hielt es die britische Regierung für angemessen, eine weithinschallende Kriegsdrohung in die Welt zu schleudern. Warum? — Die von Lloyd George gegebenen Gründe waren Scheingründe. Niemand in Deutschland dachte daran, Englands Weltstellung in einer Frage zu beeinträchtigen, an der sich England sieben Jahre zuvor selbst desinteressiert hatte. Britische Lebensinteressen kamen um so weniger in Frage, als die britische Regierung darüber, daß Deutschland keine Festsetzung an der atlantischen Küste Marokkos beabsichtigte — wäre das überhaupt eine Bedrohung britischer „Lebensinteressen" gewesen? —, vielmehr Kompensationen in andern Gebieten suchte, genau unterrichtet war und als noch am 21. Juli selbst, vor der Rede Lloyd Georges, der deutsche Botschafter in einer von Sir Edward Grey herbeigeführten Unterhaltung die Deutschland von diesem zugeschriebenen Absichten mit Entschiedenheit in Abrede gestellt hatte. Für das Verhalten der britischen Regierung blieb also nur das eine Motiv, das der deutsche Botschafter nach der Rede Lloyd Georges gegenüber Sir Edward Grey klipp und klar mit folgenden Worten bezeichnete:

„Sollte die englische Regierung die Absicht haben, die politische Lage zu verwickeln und zu verwirren und einer gewaltsamen Entladung zuzuführen, so hätte sie allerdings kein besseres Mittel wählen können als die Rede des Schatzkanzlers."

Aber die britische Regierung begnügte sich damals nicht nur mit Worten. Ebenso wie sie im Jahre 1905 Herrn Delcassé die Unterstützung durch ein britisches Expeditionskorps angeboten hatte, setzte sie jetzt ihre Flotte in Bereitschaft und traf alle Vorkehrungen für die Überführung eines Landheeres nach — Flandern. Aus den Enthüllungen des britischen Hauptmanns Faber und aus den Brüsseler Akten wissen wir heute, daß die britische Regierung damals entschlossen war, „en tout état de cause", und zwar auch ohne Zustimmung der belgischen Regierung, in Flandern zu landen oder einzumarschieren.

Die ebenso ruhige wie feste Haltung der deutschen Regierung hat damals die Kriegsgefahr abgewendet.

Nach langen und schwierigen Verhandlungen kam der deutsch-französische Vertrag vom 4. November 1911 zustande, der uns gegen die Anerkennung des französischen Protektorats über Marokko Teile des französischen Kongo brachte. Eine großzügigere Abrundung unsres afrikanischen Kolonialbesitzes, wie sie ursprünglich Kiderlen vorgeschwebt hatte, scheiterte teils an dem durch England aufgemunterten französischen Widerstand, teils aber auch an der vom Kolonialamt unterstützten Auflehnung der deutschen Kolonialkreise gegen einen Austausch bisher deutscher Kolonialgebiete.

Die Marokkofrage war nun zwar „liquidiert"; aber statt daß durch diese Beseitigung eines alten und gefährlichen Reibungspunktes zwischen den beiden Ländern eine Entspannung herbeigeführt worden wäre, trat — von England aus eifrig gefördert — das Gegenteil ein. In Deutschland wurde der diplomatische Erfolg, daß Frankreich gegen seinen Willen gezwungen worden war, sich mit uns über Marokko zu verständigen und uns aus seinem Eigenen Kompensationen zu gewähren, durch den Eindruck beeinträchtigt, ja aufgehoben, daß England durch eine brutale Kriegsdrohung uns zu einem Rückzug gezwungen habe. In Frankreich empfand man es als eine bittere Demütigung, daß man durch einen deutschen Gewaltstreich gezwungen worden sei, um des lieben Friedens willen französische Gebiete herauszugeben. Gedeckt und angestachelt durch britische Ermunterung und in der Hoffnung auf die fortschreitende Verstärkung und Reorganisation des russischen Heeres erhob der französische Chauvinismus in neuer Kraft und in neuen Hoffnungen sein Haupt.

Auch dieser Versuch der deutschen Politik, die europäische Lage durch Beseitigung von Reibungspunkten zu erleichtern, hat also sein Ziel nicht erreicht. Die Spannung zwischen Deutschland und Frankreich bestand vielmehr in unverminderter Schärfe fort.

Lord Haldanes Mission

Dagegen schien es, als ob die Krisis des Jahres 1911 und die endgültige Erledigung der Marokkofrage eine entspannende Wirkung auf das deutsch-englische Verhältnis ausüben sollte.

Die Verpflichtung Englands auf Grund des Vertrages von 1904, der französischen Regierung in der Marokkofrage Hilfe zu leisten, hatte die Möglichkeit eines deutsch-englischen Konflikts enthalten, der jederzeit akut werden konnte und in den Jahren 1905 und 1911 tatsächlich akut geworden war. Diese Verpflichtung und damit die in ihr enthaltene Kriegsmöglichkeit war durch die Liquidation der Marokkofrage gegenstandslos geworden, und damit war das deutsch-britische Verhältnis in der Tat erheblich entlastet. Dazu hatten die Vorgänge des Jahres 1911 in England selbst eine gewisse Reaktion gegen die Politik ausgelöst, die infolge von dem Parlament und einem großen Teil des Kabinetts selbst vorenthaltenen Verpflichtungen unmittelbar an den Rand des Krieges geführt hatte.

Wie weit diese Verhältnisse auf die Haltung der britischen Regierung einwirkten, wie weit andere Gesichtspunkte maßgebend waren — jedenfalls zeigte sich das britische Kabinett bereit, auf einen vom deutschen Reichskanzler angeregten Versuch zu einer Verständigung einzugehen. Lord Haldane, der britische Kriegsminister und Organisator des britischen Heeres, wurde in besonderer Mission nach Berlin entsandt (Februar 1912), um die Möglichkeiten einer Verständigung mit der deutschen Regierung durchzusprechen.

Lord Haldane stellte bei diesen Verhandlungen eine Verständigung über eine Einschränkung der weiteren Verstärkung der beiderseitigen Kriegsflotten in den Vordergrund. Das von deutscher Seite damals vorbereitete neue Flottengesetz, das eine Verstärkung unsrer Kriegsflotte und eine organisatorische Erhöhung ihrer Schlagfertigkeit bringen sollte, hatte in England die Besorgnisse vor einem allzu starken Anwachsen der deutschen Flotte aufs neue geweckt. Man griff auf den schon im Jahre 1904 eingeleiteten Versuch zurück, das unbedingte Übergewicht der britischen Flotte auf dem billigeren Wege einer Verständigung über das Ausmaß neuer Kriegsschiffbauten zu erhalten. Auf deutscher Seite lehnte man eine solche Verständigung nicht a limine ab, stellte jedoch eine allgemein-politische Verständigung in den Vordergrund. „Ich fragte den englischen Minister," so sagte Herr von Bethmann Hollweg später im Reichstag, „ob ihm nicht eine offene Verständigung mit uns, eine Verständigung, die nicht nur einen deutsch-englischen Krieg, sondern überhaupt jeden Weltkrieg ausschließen würde, mehr wert sei als ein paar deutsche Dreadnoughts mehr oder weniger." Es entspann sich dann der Meinungsaustausch über eine Formel, die das Verhältnis zwischen Deutschland und England für den Fall eines Krieges einer dieser Mächte mit einer dritten Macht regeln sollte. Es ist bekannt, daß dieser Meinungsaustausch, der nach der Rückreise Lord Haldanes in London fortgesetzt wurde, schließlich ergebnislos abgebrochen werden mußte. Der Vorschlag, den Lord Haldane nach London mitnahm und dem er persönlich zugestimmt hatte, enthielt eine bedingte Neutralitätsverpflichtung: falls eines der beiden Länder in einen Krieg verwickelt werde, in dem es nicht der Angreifer sei, so werde das andere Land wohlwollende Neutralität beobachten und das Äußerste tun, um den Kampf räumlich einzuschränken. Wie mir der Großadmiral von Tirpitz später mitgeteilt hat, sei er bereit gewesen, auf Grundlage einer solchen Abmachung genau das zu tun, was Haldane für eine Flottenverständigung vorgeschlagen habe. Trotzdem wurde Haldane von seiner Regierung desavouiert. Sir Edward Grey erklärte nach Berichten des deutschen Botschafters, ein unbedingtes Neutralitätsabkommen — was die deutsche Formel nicht war — würde die französische Empfindlichkeit reizen, und er wolle das freundschaftliche Verhältnis zu Frankreich und Rußland nicht in Frage stellen. Sein Gegenvorschlag war lediglich eine

Erklärung, daß England keinen unprovozierten Angriff auf Deutschland machen und keiner Abmachung angehören oder beitreten werde, die einen solchen Angriff bezwecke. Den vom Reichskanzler gewünschten Zusatz, der aus dieser Erklärung die Folgerung zog, auf die es ankam: „England wird daher selbstverständlich wohlwollende Neutralität bewahren, sollte Deutschland ein Krieg aufgezwungen werden", lehnte die britische Regierung ab, da jede über ihren Vorschlag hinausgehende Verständigungsformel die Beziehungen zu Rußland und Frankreich gefährden würde.

England wollte sich also für den Fall eines Krieges, in den Deutschland verwickelt werden würde, auch wenn dieser Krieg nicht von Deutschland herbeigeführt, sondern ihm aufgezwungen werden würde, freie Hand vorbehalten — genau die Haltung, die es Ende Juli 1914, als der Weltkrieg in Sicht kam, tatsächlich eingenommen hat.

Eine Formel, die England lediglich darauf festlegte, daß es keinen unprovozierten Angriff auf Deutschland machen werde, England aber freie Hand im Falle eines Deutschland aufgezwungenen Kriegs vorbehielt, erschien der deutschen Regierung nicht als genügend. Es hatte sich im Verlauf der Verhandlungen klar gezeigt, daß der von der deutschen Regierung erstrebte Zweck, durch ein Neutralitätsabkommen mit England eine ähnliche Versicherung gegen einen Weltkrieg zu erreichen, wie sie seinerzeit im Rückversicherungsvertrag mit Rußland bestanden hatte, bei der britischen Regierung nicht durchzusetzen war.

Das lag offenkundig an dem bei den Verhandlungen deutlich gezeigten britischen Mißtrauen in die deutschen Absichten und an dem zielbewußten Willen der britischen Politik, gegen Deutschland als die stärkste Kontinentalmacht und den gefährlichsten Rivalen zur See und in der Weltwirtschaft unter allen Umständen eine starke Koalition zusammenzuhalten, um sich dieser Koalition bei günstiger Gelegenheit zur Niederkämpfung Deutschlands zu bedienen.

Die deutsche Politik suchte in der Folgezeit das englische Mißtrauen in ihre Absichten zu überwinden, einmal dadurch, daß sie den Ausbau der Flotte ohne formelle Abmachung dem von Lord Haldane vorgeschlagenen Verhältnis zwischen der britischen und deutschen Flottenstärke anpaßte, dann indem sie auf wichtigen Sondergebieten — Kolonialfragen, Bagdadbahn, Mesopotamien und Persischer Golf — mit England zu einer Verständigung zu gelangen suchte.

Der Tripoliskrieg

Inzwischen hatten die deutsch-französischen Verhandlungen über Marokko eine neue Komplikation ausgelöst: Italien, das schon seit Jahren durch französische und englische Zusagen über Tripolis abgefunden worden war, glaubte jetzt, wo sich das französische Protektorat über Marokko verwirklichte, nicht länger zuwarten zu können. Noch ehe die deutsch-französischen Verhandlungen über

Marokko formell zum Abschluß gekommen waren, Ende September 1911, kündigte der italienische Botschafter der Pforte an, Italien werde angesichts der fortdauernden Nichtachtung seiner Interessen in Tripolis und der Cyrenaika die Wahrung seiner Interessen in die eigne Hand nehmen und zu diesem Zweck diese beiden afrikanischen Provinzen der Türkei besetzen; die türkische Regierung möge Vorkehrung treffen, daß dieser Besetzung kein Widerstand geleistet werde. Auf die Ablehnung dieser Zumutung durch die Türkei folgte die italienische Kriegserklärung.

Noch mehr als Österreich-Ungarns Vorgehen bei der Annexion von Bosnien und der Herzegowina war dieser Gewaltstreich des italienischen Bundesgenossen eine Belastung des deutschen Verhältnisses zur Türkei und darüber hinaus eine Belastung des Dreibundes. Die deutsche Diplomatie hat diese Belastungsprobe bestanden. Das Verhältnis zur neuen Türkei war inzwischen — nicht zum wenigsten durch die finanzielle Hilfe, die Deutschland im Jahre zuvor in einer kritischen Lage der Türkei gewährt hatte — so weit gekräftigt, daß es sich der neuen Belastung gewachsen zeigte, zumal da Deutschland und Österreich-Ungarn bei Italien die Abstandnahme von Angriffen auf die Küsten der europäischen Türkei durchzusetzen vermochten. In Italien erkannte die Regierung die loyale Haltung, die ihre Verbündeten in einer heiklen Lage betätigten, dankbar an.

Dagegen rief der Tripoliskrieg vorübergehend eine scharfe Spannung zwischen Italien und Frankreich hervor, als

Frankreich heftig und in verletzenden Formen gegen die Aufbringung französischer Schiffe, die Kriegsgerät für die in Tripolis kämpfenden türkischen Truppen an Bord hatten, protestierte. Auch gegen England kam es in Italien zu einer Verstimmung, als jenes bald nach Ausbruch des Tripoliskrieges den bisher zu Tripolitanien gehörigen Hafen von Solum, nahe der ägyptischen Grenze, kurzerhand besetzte. Dazu kam, daß auch zwischen Rußland und England aus Anlaß des Tripoliskrieges eine nicht unerhebliche Schwierigkeit entstand, über die bisher meines Wissens in der Öffentlichkeit nichts bekanntgeworden ist. Die türkische Regierung hatte aus Besorgnis vor italienischen Angriffen die Dardanellen gesperrt. Die sich daraus ergebende Behinderung der russischen Handelsschiffahrt wurde von der russischen Regierung benutzt, um die Dardanellenfrage aufzuwerfen. Der russische Botschafter Tscharikoff stellte bei der Pforte weitgehende Forderungen. Die englische Diplomatie hielt sich demgegenüber vorsichtig zurück, offenbar in der Hoffnung, daß Deutschland und Österreich-Ungarn gegen die russischen Forderungen, dem ihr bekannten Wunsch der Türkei entsprechend, Einspruch erheben würden. In der Tat wurde ein solcher die Türkei gegen Rußland deckender Einspruch von den Botschaftern Österreich-Ungarns und Deutschlands bei ihren Regierungen dringend befürwortet. Freiherr von Marschall ging sogar so weit, die Kabinettsfrage zu stellen. Kiderlen, der keine Neigung hatte, den Engländern das Odium des Einspruchs bei Rußland abzunehmen, setzte seinen Standpunkt durch, und Deutschland und Österreich-Ungarn blieben Gewehr bei Fuß. Die Wirkung war, wie Kiderlen mir erzählte, daß der russische Botschafter in London, Graf Benckendorff, den russischen Minister des Auswärtigen, Ssasonoff, kniefällig bat, im Interesse der Erhaltung der britisch-russischen Entente die in Konstantinopel gestellten Forderungen zurückzuziehen. Dies geschah, und Tscharikoff, der lediglich die ihm gegebenen Weisungen ausgeführt hatte, wurde geopfert.

So hat der Tripoliskrieg die Wirkung gehabt, einerseits in einem wichtigen Punkte ein gegensätzliches Interesse zwischen England und Rußland zutagetreten zu lassen, andrerseits die Freundschaft zwischen Italien und Frankreich-England wenigstens vorübergehend zu trüben und Italien seinen Verbündeten wieder näherzubringen. Die Erneuerung des Dreibundvertrags, die erst im Jahre 1914 erforderlich gewesen wäre, wurde unter diesen Verhältnissen schon im Frühjahr 1912 in Verhandlung genommen und im Dezember 1912 unterzeichnet. Es schien einen Augenblick, als ob die von König Eduard VII. eingeleitete Einkreisungspolitik nach dem Tode dieses Monarchen (Mai 1910) nun doch allmählich ihre Kraft verlieren sollte

Aber das Unheil war im Rollen.

Noch ehe es, unter wirksamer Förderung seitens der deutschen Regierung, zwischen Italien und der Türkei zum Frieden kam, zog sich auf dem Balkan ein neues Gewitter zusammen.

Die beiden Balkankriege

Schon im Februar 1912 war zwischen Serbien und Bulgarien unter nachdrücklicher Förderung Rußlands ein geheimer Vertrag zustandegekommen, der im Laufe der nächsten Monate inhaltlich erweitert und durch einen bulgarisch-griechischen Vertrag, durch Militärkonventionen zwischen diesen Staaten, sowie durch Abmachungen mit Montenegro ergänzt wurde. Diese Verträge, die den sogenannten „Balkanbund" schufen, richteten sich in erster Linie gegen die Türkei, deren albanische und mazedonische Provinzen das Kriegsziel waren. Daneben aber enthielten die bulgarisch-serbischen Abmachungen die Verpflichtung zum gegenseitigen Beistand im Falle eines Angriffs Österreich-Ungarns; darüber hinaus verpflichtete sich Bulgarien zur Waffenhilfe für Serbien, falls dieses durch Österreich-Ungarn an einer Erweiterung seines Gebiets bis zum Adriatischen Meer durch Besetzung albanischer und mazedonischer Landesteile verhindert werden sollte. Der russische Zar war in den serbisch-bulgarischen Verträgen für den Fall von Meinungsverschiedenheiten als Schiedsrichter ausersehen.

Im August 1912 begann Bulgarien, seine Forderungen nach Reformen in Mazedonien bei der türkischen Regierung zu stellen. Ende September folgte ein einheitliches Vorgehen der sämtlichen Balkanmächte, und am 8. Oktober eröffnete Montenegro mit dem Einmarsch in türkisches Gebiet die Feindseligkeiten.

Kiderlen hatte sich nach Kräften bemüht, eine Einigung zwischen Österreich-Ungarn und Rußland zum Zwecke der Verhinderung des Kriegs oder — wenn sich das als unmöglich erweisen sollte — zum Zwecke der Lokalisierung des Kriegs herbeizuführen. Das Petersburger Kabinett war scheinbar auf diese Bemühungen eingegangen, aber seine Vertreter in Belgrad, Herr Hartwig, und in Paris, Herr Iswolski, arbeiteten mit Erfolg im entgegengesetzten Sinn. Das Verhalten der französischen Regierung war undurchsichtig. Angesichts der großen französischen Interessen, die sowohl in der Türkei wie in den Balkanstaaten auf dem Spiel standen, schien sie Neigung zu haben, im Sinne der Erhaltung des Friedens zu wirken; andrerseits war der Einfluß Iswolskis unverkennbar. London hüllte sich in den kritischen Tagen in völlige Zurückhaltung; Sir Edward Grey blieb trotz der Zuspitzung der Lage in seinem Landaufenthalt, und Sir Arthur Nicolson, der ihn vertrat, gab auf die Sondierungen über das Verhalten der britischen Regierung keine Antwort. Am 8. Oktober meldete das Reutersche Telegraphenbureau die Kriegserklärung Montenegros an die Türkei. Das Wiener amtliche Telegraphenbureau brachte zunächst ein Dementi, meldete aber dann noch an demselben Tage die Abberufung des montenegrinischen Gesandten in Konstantinopel und die Zustellung der Pässe an den türkischen Gesandten in Cetinje.

Am gleichen Tage passierte der russische Minister des Äußern auf der Durchreise von Paris nach Petersburg

Berlin. Ich sah Kiderlen am Abend, nachdem er vorher eine lange Unterredung mit Ssasonoff gehabt hatte. Kiderlen hat Ssasonoff auf den Kopf zugesagt, daß Rußland die Balkanstaaten zum Krieg gegen die Türkei zusammengebracht habe. Ssasonoff leugnete die russische Vaterschaft am Balkanbund nicht, behauptete aber, Rußland habe den Bund lediglich zu defensiven Zwecken ins Leben gerufen. Kiderlen antwortete: „Il y a quelqu'un à Paris qui pourrait vous renseigner là-dessus." Gemeint war der Botschafter Iswolski. Kiderlen brachte außerdem bei dieser Gelegenheit die Inspektion der französischen Grenzfestungen durch den Großfürsten Nicolai Nicolajewitsch zur Sprache, ferner die zwischen Rußland und Frankreich damals abgeschlossene Marinekonvention, den von der russischen Flotte gleichzeitig mit der britischen in Kopenhagen geplanten Besuch, die von Rußland damals vorbereitete Probemobilmachung. Das sei etwas viel auf einmal und könne von uns nicht unbeachtet bleiben.

Auch in den folgenden Tagen geschah weder von Rußland noch von England oder Frankreich ein wirksamer Schritt, der den Krieg hätte verhindern können.

In rascher Folge erlitt die türkische Armee in Mazedonien und Thrazien schwere Niederlagen. Das ganze Gebiet der europäischen Türkei bis auf das unmittelbare Vorgelände von Konstantinopel ging im Verlauf weniger Wochen verloren. Erst an der Konstantinopel schützenden Tschataldjalinie vermochte die Türkei einen wirksamen Widerstand zu organisieren.

Die Großmächte, deren Vertreter auf Anregung Kiderlens beim Ausbruch des Krieges in London zu einer ständigen Konferenz zusammengetreten waren, hatten zunächst die Aufrechterhaltung des status quo auf dem Balkan ohne Rücksicht auf den Gang, den die militärischen Operationen nehmen sollten, proklamiert. Dieser Standpunkt wurde angesichts der großen und raschen Erfolge der Balkanstaaten unhaltbar. Die Balkanfrage war jetzt in vollem Umfang und in ihrer ganzen Gefährlichkeit aufgerollt.

Das Bestreben der deutschen Politik war, einmal zu verhindern, daß Österreich-Ungarn in den Konflikt hineingezogen würde, ferner die österreichisch-ungarischen und die italienischen Interessen in Einklang zu bringen; schließlich England und womöglich auch Frankreich gegenüber dem russischen Ungestüm für eine Politik des kalten Blutes zu gewinnen.

Unmittelbar vor Ausbruch des Krieges hatte die türkische Regierung das sofortige Eingreifen Österreich-Ungarns durch das Angebot des Sandschaks Novibazar herbeizuführen versucht. Kiderlen setzte sich in Wien für die Ablehnung dieses verlockenden Angebotes ein, dessen Annahme wohl den sofortigen Krieg mit Rußland zur Folge gehabt hätte. Nachdem der status quo unwiederbringlich verloren schien, nahm Österreich-Ungarn das lebhafteste Interesse daran, daß Albanien nicht unter serbische Herrschaft komme und daß Serbien sich nicht bis zur Adria ausdehne. Gegenüber den teilweise römisch-katholischen

Albanesen hatte Österreich sich schon seit längerer Zeit als Schutzmacht gefühlt und war in diesem Sinne für dieses Bergvolk bei der Pforte eingetreten. In einem Vordringen der Serben über albanesisches Gebiet bis zum Meer sah die österreichisch-ungarische Politik eine nicht erträgliche Steigerung der großserbischen Bedrohung vom Südosten her.

Über ihren Standpunkt in dieser Frage hatte die Wiener Regierung von Anfang an keinen Zweifel gelassen. Als Anfang November der französische Ministerpräsident Poincaré den Vorschlag machte, die sämtlichen Großmächte möchten ihr vollständiges Desinteressement an den balkanischen Dingen erklären, konnte man deshalb in diesem Vorschlag nur einen bewußten und gewollten Vorstoß gegen Österreich-Ungarn erblicken.

Der Vorstoß wurde abgeschlagen. Ebenso wie die österreichisch-ungarische Regierung war die italienische Regierung entschlossen, sich bei Veränderungen des territorialen Status auf der Balkanhalbinsel nicht beiseiteschieben zu lassen. In Unterhaltungen mit San Giuliano, dem italienischen Minister des Auswärtigen, der in jenen Novembertagen zur Besprechung über die Erneuerung des Dreibundes in Berlin weilte, gelang es, eine einheitliche Politik der Dreibundmächte in der Balkanfrage festzulegen. Vor allem einigte man sich über die Schaffung eines autonomen Albaniens, das unter österreichisch-ungarischem und italienischem Schutze stehen sollte.

Das geschlossene Auftreten der Dreibundmächte tat seine Wirkung. Vor allem rückte die britische Regierung von dem Vorstoß Poincarés ab. Kiderlen erzählte mir am 9. November, England zeige uns gegenüber eine auffallende Beflissenheit. Der britische Botschafter sei in seiner ganzen Amtszeit noch nie so häufig unaufgefordert zu ihm gekommen und habe sich noch nie so eingehend mit ihm ausgesprochen wie in den letzten acht Tagen; und ebenso lasse Sir Edward Grey fortgesetzt den deutschen Geschäftsträger zu sich bitten. Das Ergebnis dieser deutsch-englischen Konversationen kam zum Ausdruck in einer Rede des britischen Premierministers Asquith beim Lordmayorsbankett am 9. November, in der er sagte: England sei an den Veränderungen auf dem Balkan nicht unmittelbar interessiert; es seien aber andere Mächte vorhanden, von denen nicht erwartet werden könne, sie würden nicht verlangen, daß ihre Stimme gehört werden müsse, wenn die Zeit für die endgültige Regelung gekommen sei. Solange der Kriegszustand andauere, lehne es die britische Regierung ab, einzelne Fragen zu behandeln, die getrennt und sogleich aufgeworfen wahrscheinlich nicht wieder gutzumachende Differenzen hervorrufen würden, die aber wohl ein besseres Aussehen annehmen würden, wenn man sie zurückstellte, um sie dann unter dem weiteren Gesichtspunkt des allgemeinen Ausgleichs zu behandeln.

Also im Gegensatz zu dem Vorschlag Poincarés eine glatte Anerkennung der Berechtigung des österreichisch-ungarischen und italienischen Verlangens, bei der Neuregelung der territorialen Verhältnisse auf dem Balkan mitzureden; aber im Einverständnis mit der deutschen Politik Zurückstellung der Einzelfragen bis zu dem Zeitpunkt, der eine Gesamtregelung gestatten würde.

Auffallend, aber bezeichnend für die englische Politik, ist die Tatsache, daß jenes Abrücken der britischen Regierung von dem von der französischen Regierung unklugerweise eingenommenen Standpunkt und ihre Zusammenarbeit mit der deutschen Diplomatie zeitlich fast zusammenfiel mit einer starken formellen Bekräftigung der diplomatischen und militärischen Entente mit Frankreich. Am 22. und 23. November 1912, also vierzehn Tage nach der Guildhall-Rede des Herrn Asquith, wurde der Schriftwechsel zwischen Sir Edward Grey und M. Paul Cambon ausgetauscht, der zum erstenmal die seit 1906 getroffenen mündlichen Abreden über eine englisch-französische Kooperation im Falle eines „nicht herausgeforderten Angriffs" schriftlich niederlegte. Die Vermutung eines ursächlichen Zusammenhangs liegt nahe. Die französische Regierung fühlte sich durch das englisch-deutsche Zusammengehen in den Balkanfragen zweifellos beunruhigt, und die leitenden britischen Staatsmänner hielten es für angezeigt, diese Beunruhigung dadurch zu beheben, daß sie dem französischen Ententegenossen ein stärkeres formelles Pfand, als es bisher gegeben worden war, in die Hand drückten und ihm dadurch die Gewißheit gaben, daß durch eine gelegentliche Meinungsverschiedenheit in Fragen der diplomatischen Taktik an dem britisch-französischen Bundesverhältnis nichts geändert werde.

Während England auf diese Weise Wasser auf beiden Schultern trug, kam die deutsche Regierung in die Lage, einen ernstlichen Druck auf die verbündete Donaumonarchie auszuüben.

Der Vormarsch der Serben durch albanisches Gebiet nach der Adria und die Nachrichten über entsetzliche Greuel, die von der serbischen Armee in Albanien begangen wurden, weckten in Wien starke Erregung und die Neigung zu einem sofortigen Eingreifen. Rußlands Haltung, das unter dem Titel der Probemobilmachung starke Streitkräfte an der galizischen Grenze zusammenzog, war nicht geeignet, diese Erregung zu mildern.

Für die Haltung des Deutschen Kaisers in dieser für die deutsche Politik schwierigen Lage, die eine große Ähnlichkeit mit der Lage vom Juli 1914 hat, ist ein Telegramm bezeichnend, das Wilhelm II. damals an den Reichskanzler richtete, des Inhalts: Der Bündnisvertrag mit Österreich-Ungarn zwinge uns, zu marschieren, wenn Österreich-Ungarn von Rußland angegriffen werde. Dann werde auch Frankreich hineingezogen werden, und England werde unter solchen Umständen wohl auch nicht ruhig bleiben. Die jetzt schwebenden Streitfragen ständen zu dieser Gefahr in keinem Verhältnis. Es könne nicht der Sinn des Bündnisvertrages sein, daß wir, ohne daß Lebensinteressen des Verbündeten bedroht seien, für eine Laune des Verbündeten in einen Kampf auf Leben und Tod gehen müßten. Wenn sich allerdings zeigen sollte, daß die andere Seite einen Angriff beabsichtige, dann werde man jede Gefahr auf sich nehmen müssen.

Dieser ruhige und feste Standpunkt, der allein den Frieden erhalten konnte, war für die deutsche Politik auch in der weiteren Entwicklung maßgebend. Er wurde durchgehalten sowohl gegenüber einem starken russischen Druck wie auch gegenüber anders gerichteten Tendenzen und vorübergehenden Verstimmungen in Wien.

Rußland suchte in Berlin mit Drohungen zu wirken. So sagte mir am 18. November der erste Sekretär der russischen Botschaft, Herr Botkin, den Serben könne der Zugang zur Adria unmöglich verweigert werden; wenn Österreich-Ungarn sich dagegenstelle, werde Rußland in Rücksicht auf seine öffentliche Meinung gezwungen sein, einzugreifen, und das bedeute den Weltkrieg. Zwei Tage später hatte ich den Besuch des Herrn Davydoff, früher Chef der russischen Reichsrentei und rechte Hand des Herrn Kokowzoff, jetzt Präsident der Russischen Bank für auswärtigen Handel. Er kam aus Paris, wo er eine Anleihe zugunsten von Bulgarien durchgesetzt hatte. Er erzählte mir viel von dem großen wirtschaftlichen und finanziellen Aufschwung Rußlands; allein in Deutschland habe Rußland jetzt Guthaben in Höhe von 700 Millionen Mark. Dann sprach er über die politische Lage und fragte mich, ob ich glaube, daß es wegen der serbischen Aspirationen zum europäischen Krieg kommen werde. Ich antwortete, das müsse er besser wissen als ich, denn die Entscheidung liege bei Rußland. Er entgegnete, Deutschland müsse Österreich zur Vernunft bringen; wenn die Lage sich weiter zuspitze, müsse er sich als Finanzmann mit seiner Verantwortlichkeit abfinden und sich fragen, ob es richtig sei, so viel Geld im Ausland stehenzulassen. — Also ein deutlicher Wink, daß uns im Falle einer weiteren Komplikation die russischen Millionen abgezogen werden würden, deren Höhe Davydoff übrigens beträchtlich übertrieben hat. Ich stellte damals fest, daß die Deutsche Bank an Rußland weit größere Forderungen hatte, als umgekehrt Rußland bei ihr an Guthaben verfügte. Die Summe der russischen Guthaben bei sämtlichen deutschen Banken war zweifellos erheblich geringer als die von Davydoff genannte Ziffer, und von dieser geringeren Summe waren die sehr erheblichen kurzfristigen deutschen Forderungen an Rußland abzusetzen. Die deutsche Politik ließ sich durch solche Bluffversuche nicht beirren.

In Wien war man mit der deutschen Unterstützung keineswegs ganz zufrieden. Gegenüber den beunruhigenden Gerüchten über ein österreichisch-ungarisches Ultimatum an Serbien, bevorstehende österreichisch-ungarische Mobilmachung usw., die von Wien aufflatterten, brachte die „Norddeutsche Allgemeine Zeitung" am 26. November ein energisches Dementi, dem ein Zusatz beigefügt war, die Mächte seien sich einig, die albanische und adriatische Frage erst im

Verein mit den andern aus den Vorgängen am Balkan entstandenen Fragen zu diskutieren und zu regeln. Das war die gleiche Richtlinie, wie sie Asquith in seiner Guildhall-Rede verkündigt hatte. In Wien war man über die ausdrückliche Festlegung dieses Standpunktes in dem offiziösen Organ der deutschen Regierung nicht sehr erfreut. Das Echo in den Wiener offiziösen Blättern war, die k. u. k. Regierung behalte völlige Freiheit in der Wahl des Zeitpunktes, der ihr zur Regelung der albanischen und adriatischen Frage gut scheine. Kiderlen sagte mir am nächsten Abend: Graf Berchtold wisse nie, was er wolle. Die Wiener Regierung könne sich nicht entschließen, die Besetzung Albaniens und der adriatischen Häfen durch Serbien zu verhindern; sie könne sich aber auch nicht dazu entschließen, klar zu sagen, daß die Regelung dieser Fragen für später vorbehalten bleiben solle. Wir seien bereit, uns hinter Österreich-Ungarn zu stellen; aber gerade deshalb hätten wir ein Recht, zu hören, was die Wiener eigentlich wollten. Er fürchte sich nicht vor dem Krieg; aber gerade für diesen Fall sei es ein enormer Vorteil, England draußen zu halten. Diese Möglichkeit sei nicht ausgeschlossen; er wisse darüber mehr als die Wiener und mehr, als er diesen sagen könne. Ein Vergnügen sei es nicht, an seiner Stelle zu stehen. Gott sei Dank habe er die nötigen Nerven, um die Partie durchzuhalten.

Wenige Wochen später, am 30. Dezember 1912, erlag Kiderlen einem Schlaganfall. Die deutsche Diplomatie verlor mit ihm ihre stärkste Kraft.

Im Januar wurde zwischen den Balkanstaaten und der Türkei ein Waffenstillstand abgeschlossen. In London wurde unter Mitwirkung der Botschafter der Großmächte über den Frieden verhandelt, sehr zum Ärger Poincarés, der die Friedenskonferenz gern unter seinem Vorsitz in Paris gehabt hätte und nun darauf bestand, daß die mit dem Balkanfrieden zusammenhängenden finanziellen und wirtschaftlichen Fragen in einer Sonderkonferenz in Paris behandelt würden. Diese Sonderkonferenz, zu der ich wegen meiner Vertrautheit mit den türkischen Finanz- und Eisenbahnfragen von der deutschen Regierung neben dem Pariser Botschaftsrat Freiherrn von der Lancken und den Herren Dr. Schwabach und Generalkonsul a. D. Pritsch, dem deutschen Delegierten bei der türkischen Staatsschuldenverwaltung, als Vertreter entsandt wurde, ist im Frühjahr 1913 zusammengetreten.

Inzwischen spitzte sich der Gegensatz zwischen Österreich-Ungarn einerseits, Serbien und Rußland andrerseits in der albanesischen Frage weiter zu. Serbien verlangte große Teile rein albanesischen Gebiets; Österreich-Ungarn setzte diesen Forderungen den stärksten Widerstand entgegen. Ich war mit meinem Kollegen von Gwinner am 31. Januar und 1. Februar 1913 zu wichtigen Verhandlungen über die Orientbahnen, für die sich die österreichisch-ungarische Regierung interessierte, in Wien. Der Staatssekretär von Jagow, den wir vor der Abreise besuchten, hatte uns auf den Weg gegeben: „Sagen Sie den Herren am Ballplatz, daß uns hier die albanesische Sache einige Sorge macht." Ich hatte zunächst Gelegenheit, mit dem Sektionschef im Auswärtigen Ministerium, Grafen Wyckenburg, über diese Dinge zu sprechen. Er sagte mir, die große Gefahr halte er eigentlich für überwunden, aber Österreich-Ungarn müsse jetzt in den sehr wichtigen Einzelheiten durchhalten. Man brauche Albanien als Damm gegen die wachsende südslawische Hochflut. Der Damm müsse so ausgestattet werden, daß er stehen könne. Das gelte namentlich auch für die Abgrenzungsfrage; aber gerade hier mache Rußland die ärgerlichsten Schwierigkeiten und lasse sich jeden Fußbreit albanesischen Bodens abnötigen und abringen. Das müsse eben durchgefochten werden. Ich äußerte meine Zweifel an dem Wert des albanesischen Damms. Die Albanesen unterschieden sich nach meiner Kenntnis von den andern Völkern dadurch, daß das Wort des Aristoteles, der Mensch sei ein „zoon politikon", auf sie nicht zutreffe; sie hätten niemals staatsbildende Kraft bewiesen, und ich könne die Besorgnis nicht loswerden, daß ein albanesischer Staat für seine Väter keine Sicherung, sondern eine Quelle von Unruhen und Sorgen sein werde.

Mit dem Grafen Berchtold hatte ich am 31. Januar nach einem Frühstück bei dem Gouverneur der k. u. k. Bodenkreditanstalt, Herrn Sieghard, eine Unterhaltung, die folgendermaßen verlief: Graf Berchtold fragte mich ziemlich unvermittelt, was man in Deutschland eigentlich über die Situation denke, und ob man, wie es den Anschein habe, wirklich unter allen Umständen den Frieden durchhalten wolle. Ich antwortete, nach meiner Überzeugung wollten in Deutschland alle verantwortlichen Leute ernsthaft den Frieden. Graf Berchtold entgegnete, mit einem sehr ernsten Hinweis auf die immer stärkere Zuspitzung der Gefahr, die der Monarchie und damit dem Deutschtum vom Südosten her drohe: er besorge, daß auf die Dauer die große Auseinandersetzung zwischen Germanen und Slawen sich nicht werde vermeiden lassen. Ich erinnerte an Bismarcks Wort, daß man der Vorsehung nicht in die Karten sehen könne; aber auch wenn eine solche Auseinandersetzung sich als unvermeidlich erweisen sollte, so sei nach meiner Ansicht jedes Jahr, in dem der Friede erhalten bleibe, für Deutschland gewonnen, das fortgesetzt an Bevölkerung, wie an wirtschaftlicher und finanzieller Kraft zunehme.

Es ist mir bei dieser Unterhaltung völlig klargeworden, wie sehr die großserbischen Bestrebungen in der Auffassung der Staatsmänner unseres österreichisch-ungarischen Verbündeten sich zu einer Lebensgefahr für die Monarchie zugespitzt hatten. Zwar ist bald darauf, im März 1913, der akute Konflikt zwischen Österreich-Ungarn und Rußland beigelegt worden. Aber ich konnte in dieser Beilegung nur eine Atempause sehen. Ich habe seit jener Zeit die Vorgänge auf dem Balkan mit verdoppelter Sorge beobachtet, in der Überzeugung, daß die Beziehungen zwischen Österreich-Ungarn und Serbien einer neuen starken Belastung nicht gewachsen seien und daß bei der Haltung Rußlands jeder österreichisch-serbische Konflikt die eminente Gefahr des Weltkriegs unmittelbar heraufbeschwören würde.

Meine Wahrnehmungen bei der Pariser Konferenz zur Regelung der aus dem Balkankrieg erwachsenen finanziellen Fragen bestärkten diese Überzeugung. Die Konferenz übertrug mir den Vorsitz der Kommission, die über die Übernahme eines Teiles der türkischen Staatsschuld durch die Balkanstaaten, denen im Londoner Präliminarfrieden der größte Teil der europäischen Türkei zugesprochen worden war, beraten sollte. Ich hatte Gelegenheit, zu beobachten, bis zu welchem Grade der Überhebung und Herausforderung die kriegerischen Erfolge gegen die Türkei die serbischen Gemüter erhitzt hatten, wie der russische Botschafter Iswolksi nicht nur die Vertreter der Balkanstaaten dirigierte und aufreizte, sondern auch die französischen Vertreter an der Leine hielt. An einer gerechten Lösung gerade der in meiner Kommission zu entscheidenden Fragen war Frankreich, als weitaus größter Gläubiger der Türkei, weitaus am stärksten interessiert. Aber die französische Regierung und ihre Vertreter stellten selbst diese großen Interessen zurück, um nicht mit Rußland in Differenzen zu kommen. Der englische Vertreter, Sir Paul Harvey, der Berichterstatter in meiner Kommission war, verhielt sich sachlich und loyal. Dagegen erwies sich die italienische Vertretung, die hauptsächlich durch Herrn Volpi, den Unterhändler des Friedens von Lausanne, geleitet wurde, als unzuverlässig und hinterhältig und als stets geneigt, mit Serbien, Montenegro und Rußland gemeinschaftliche Sache zu machen. Alles in allem wuchs bei mir in jenen Monaten die Gewißheit, daß Rußland die Balkanstaaten in ihrer Begehrlichkeit nicht nur unterstützte, sondern anstachelte und damit den Herd der Weltkriegsgefahr fortgesetzt anheizte; daß Frankreich gelegentlich mit ins Feuer blies und jedenfalls sich von Rußland unter keinen Umständen trennen wollte, auch wenn große eigne Interessen auf dem Spiele standen; daß England in äußerlich korrekter, aber undurchsichtiger Haltung abwartete; daß auf Italien trotz der mit Österreich-Ungarn über Albanien erzielten Einigung, die übrigens sofort Sprünge und Risse zeigte, keinerlei Verlaß war.

Ein positives Ergebnis hatte die Pariser Konferenz nicht. Ehe sie ihre Beratungen dem Abschluß nahebringen konnte, führten die Streitigkeiten zwischen Bulgarien einerseits, Serbien und Griechenland andererseits über die Verteilung des von der Türkei nach dem Londoner Präliminarfrieden abzutretenden Gebiets zu dem zweiten Balkankrieg. Rumänien griff gegen Bulgarien ein. Die Türkei stieß unter Führung Envers nach Adrianopel vor. In kurzer Zeit sah sich Bulgarien genötigt, die Waffen zu strecken. Der Bukarester Friede ließ Bulgarien nur einen geringen Teil des ihm ursprünglich zugedachten Landgewinnes und nahm ihm zugunsten Rumäniens einen Teil der Süd-Dobrudscha, während Griechenland und vor allem Serbien eine gewaltige Vergrößerung erfuhren.

Die österreichisch-ungarische Diplomatie, die Serbien nicht zu groß werden lassen und sich in dem allerdings stark geschwächten Bulgarien ein Gegengewicht gegen Serbien sichern wollte, verlangte zugunsten Bulgariens eine Revision des Bukarester Friedens. Sie setzte sich dabei über die Tatsache hinaus, daß Bulgarien ein Jahr zuvor — trotz der Unterstützung, die es an Österreich-Ungarn bei seiner Unabhängigkeitserklärung erfahren hatte — jenen Vertrag mit Serbien abgeschlossen hatte, der letzterem auch gegenüber Österreich-Ungarn Waffenhilfe zusagte. Sie stellte ferner nicht genügend in Rechnung, daß angesichts der hervorragenden Beteiligung Rumäniens an dem Bukarester Frieden ein solcher Einspruch Rumänien vor den Kopf stoßen und die ohnedies starken ententefreundlichen Bestrebungen in Rumänien noch fördern und begünstigen mußte. Die deutsche Politik trat in sichtbarem Gegensatz zur österreichisch-ungarischen für die Aufrechterhaltung des Bukarester Friedens ein, in der Absicht, die beiden nichtslawischen Balkanstaaten, Rumänien und Griechenland, für die Mittelmächte günstig zu stimmen. Österreich-Ungarn zog angesichts der Haltung Deutschlands verstimmt und grollend sein Verlangen nach Revision des Bukarester Friedens zurück.

Die großserbische Gefahr blieb für Österreich-Ungarn nach dem zweiten Balkankrieg nicht nur in vollem Umfang bestehen, sie war vielmehr größer geworden als je zuvor. Das auf nahezu das Doppelte seines bisherigen Umfangs vergrößerte Serbien war weit entfernt, gesättigt zu sein; im Gegenteil, mit dem durch seine kriegerischen Leistungen und Erfolge gesteigerten Selbstbewußtsein wandte es seine Augen nun erst recht gegen Westen, und lauter denn je verkündigte die großserbische Propaganda als ihr der Verwirklichung nahes Ziel die Angliederung der südslawischen Gebiete Österreich-Ungarns.

Dazu kam, daß die vorübergehende Besserung des Verhältnisses zwischen Österreich-Ungarn und Italien nicht standhielt. Das autonome Albanien wurde ein neuer Zankapfel. Zwar einigte man sich auf die Person des Prinzen zu Wied als Fürsten des neugeschaffenen Staatswesens. Aber schon bei den Verhandlungen über die Beschaffung eines ersten Kredits für das neue Fürstentum, die ich auf Wunsch des Fürsten unmittelbar vor dessen Abreise nach Durazzo mit einer österreichisch-ungarischen und einer italienischen Bankengruppe führte, mußte ich mich von der Eifersucht und dem Mißtrauen überzeugen, das beide Teile gegeneinander hegten. Der weitere, sich immer unglücklicher gestaltende Verlauf der albanischen Angelegenheit machte die während des Tripoliskriegs und des ersten Balkankriegs so mühsam erreichte Wiederannäherung Italiens an die beiden Zentralmächte zunichte.

So hinterließen die Balkankriege eine beklemmende, gewitterschwangere Atmosphäre.

Die letzten Verständigungsversuche

Um die Gefahren, die dem Weltfrieden drohten, nach Möglichkeit zu beschwören, setzte die deutsche Politik mit verdoppeltem Nachdruck ihre Bemühungen fort, das Verhältnis Deutschlands mit den Westmächten durch die Verständigung in wichtigen Einzelfragen und die Liquidation alter Streitpunkte zu verbessern. Man hoffte, auf diese Weise gegenüber der fortdauernden Drohung im Südosten eine Friedenssicherung schaffen zu können. Insbesondere schöpfte man aus Englands Verhalten während des Balkankriegs die Hoffnung, daß es auf dem Wege der Verständigung über Einzelfragen gelingen könne, das britische Mißtrauen gegen Deutschland zu beseitigen und — unbeschadet allen wirtschaftlichen Wettbewerbs — eine Interessengemeinschaft zwischen England und Deutschland an der Erhaltung des Weltfriedens zu schaffen. Man konnte über die Möglichkeit, ein solches Ziel zu erreichen, zuversichtlich oder skeptisch denken — ich bin auch heute noch der Ansicht, daß der ehrliche Versuch unter allen Umständen gemacht werden mußte, durch eine Verständigung über konkrete Fragen mit derjenigen Macht, die das Schicksal des Weltfriedens mehr denn irgendeine andere in ihren Händen hielt, der drohenden Weltkatastrophe entgegenzuwirken. Schon um denjenigen Elementen in England, die getreu den Traditionen der alten Gewaltpolitik auf die Zerschmetterung der stärksten Kontinentalmacht und des stärksten Rivalen in der Weltwirtschaft und in der Seegeltung ausgingen, nach jeder Möglichkeit die Arbeit zu erschweren und ihr Kriegsvorwände, die der britischen und internationalen Meinung einleuchten konnten, zu nehmen.

Es sind zwei große Fragenkomplexe, in denen mit England damals eine Verständigung versucht und bis zum Ausbruch des Weltkriegs auch materiell erreicht wurde: die afrikanischen Kolonialfragen und die vorderasiatischen Wirtschafts- und Eisenbahnfragen.

Die Verständigung mit England über die afrikanischen Kolonialfragen

Die Abmachungen über die afrikanischen Kolonialfragen sind mir, da ich bei den Verhandlungen selbst nicht beteiligt war, nur in großen Umrissen bekanntgeworden. Es handelte sich namentlich um eine Verständigung über die Liquidation des portugiesischen Kolonialbesitzes, die angesichts des politischen, militärischen, wirtschaftlichen und finanziellen Unvermögens des portugiesischen Stammlandes, einen großen Kolonialbesitz zu halten und zu entwickeln, in naher Zeit sich als notwendig herausstellen mußte, sobald England davon Abstand nahm, die portugiesische Kolonialherrlichkeit künstlich zu stützen. In Wirklichkeit war die portugiesische Kolonialherrschaft kaum mehr als eine Scheinherrschaft. Weite Gebiete waren nur auf der Karte portugiesisch, in Wirklichkeit aber weder unterworfen noch erschlossen. Wo eine wirkliche Herrschaft ausgeübt wurde, da war es zumeist das britische Kapital, das unter dem durchsichtigen Deckmantel der portugiesischen Flagge die Macht in der Hand hatte.

Schon im Jahre 1898, in jener früheren Zeit der deutsch-englischen Annäherungsversuche, war zwischen den beiderseitigen Regierungen ein Geheimabkommen über die portugiesischen Kolonien für den infolge der portugiesischen Finanznot als nahe bevorstehend erachteten Fall der Liquidation des portugiesischen Kolonialreichs abgeschlossen worden. Dieses Abkommen war niemals wirksam geworden, weil England, das in der Lage war, Portugal bei der Erhaltung seines Kolonialreichs wirksam zu helfen, den Eintritt der Eventualität, für die es abgeschlossen war, verhinderte. England hatte sogar im Jahre 1899 mit Portugal einen Geheimvertrag, den sogenannten Windsor-Vertrag, abgeschlossen, in dem sich die beiden Mächte gegenseitig die Erhaltung ihres Besitzstandes zusagten. Der Windsor-Vertrag wurde der deutschen Regierung erst dreizehn Jahre nach seinem

Abschluß mitgeteilt, als nach den Haldaneschen Besprechungen die kolonialen Verhandlungen wiederaufgenommen wurden. König Edward VII. hat gleich nach seiner Thronbesteigung einen sichtbaren Strich durch jenes vor seiner Zeit abgeschlossene Abkommen von 1898 gemacht. Seinen ersten Besuch nach seiner Thronbesteigung stattete er dem portugiesischen Hofe ab, und bei dieser Gelegenheit hielt er eine Ansprache, in der er die „unangetastete Aufrechterhaltung" der beiderseitigen Kolonien als den Gegenstand seiner teuersten Wünsche und Bestrebungen bezeichnete.

Inzwischen war König Edward VII. gestorben, und Portugal war Republik geworden. Durch die Vertreibung des portugiesischen Königshauses waren für die englische Politik gewisse Rücksichten persönlicher Natur in Wegfall gekommen. Die revolutionären Wirren hatten die Fähigkeit Portugals, auch nur eine Scheinherrschaft über seine Kolonien zu erhalten, noch stärker in Frage gestellt. Es schien also die Möglichkeit gegeben, jetzt zu einer wirksamen Verständigung zu kommen.

Die britische Regierung erkannte das Bedürfnis nach kolonialer Ausdehnung und Betätigung für Deutschland an. Sie zeigte sich bereit, im wesentlichen das portugiesische Ostafrika von der Grenze des deutsch-ostafrikanischen Schutzgebiets bis zum Sambesi und in Westafrika den größeren Teil des portugiesischen Angola als deutsches Interessengebiet anzuerkennen. Eine wirtschaftliche

Betätigung Deutschlands in jenen Gebieten sollte deren späteren förmlichen Übergang in deutschen Besitz vorbereiten. Die britische Regierung wollte also einer solchen wirtschaftlichen Durchdringung durch deutsche Unternehmungen nicht entgegen sein, sondern sie in freundschaftlicher Weise fördern.

Auf Grund dieses Einverständnisses haben in den Jahren 1913/14 Verhandlungen stattgefunden, die wichtige Unternehmungen in den Deutschland zugedachten Gebieten in deutsche Hand überführen sollten. So habe ich für ein Konsortium deutscher Banken und Überseehäuser mit einer englischen Gruppe Abmachungen getroffen, durch die wir eine kontrollierende Beteiligung an der Nyassa-Kompagnie, einer mit wichtigen Hoheitsrechten über das südlich an Deutsch-Ostafrika angrenzende Gebiet ausgestatteten Gesellschaft, erwarben. Die Verhandlungen haben mit Wissen und unter Förderung der britischen Regierung stattgefunden. Ähnliche Verhandlungen waren, als der Weltkrieg ausbrach, im Zug hinsichtlich der Benguella-Eisenbahn, der kürzesten Verbindung zwischen der afrikanischen Westküste und dem wichtigen Minengebiet von Katanga im belgischen Kongostaat; desgleichen hinsichtlich der Eisenbahnen, die von den portugiesischen Häfen von Port Alexander und der Tigerbai aus den nördlichen Teil unseres südwestafrikanischen Schutzgebiets zu erschließen geeignet sind. Auch diese Verhandlungen, die beim Ausbruch des Weltkriegs noch nicht zum Abschluß gekommen waren, wurden von der britischen Regierung auf Grund des mit der deutschen Regierung erzielten kolonialen Einverständnisses unterstützt. Mr. Robert Williams, der von englischer Seite die Verhandlungen über die deutsche Beteiligung an der Benguellabahn führte, sagte darüber am 2. Februar 1915 in einer Generalversammlung der Tanganyika Concessions Ltd., die bis dahin die Kontrolle über die Benguella-Eisenbahn besaß: „Sir Edward Grey, der im Jahre 1912 hierüber befragt wurde, antwortete, daß die Frage der Heranziehung fremden Kapitals eine solche sei, in der die Gesellschaft die Freiheit der Entscheidung habe; aber falls sie sich zur Heranziehung fremden Kapitals entscheiden sollte, dann gebe er den Rat, daß sie sich an deutsches Kapital wenden möchte."

Die vorderasiatischen Fragen, insbesondere die Bagdadbahn

War in den afrikanischen Kolonialfragen das Ziel, sich gegenseitig guten Willen zu zeigen und künftigen Reibungen vorzubeugen, so hatten die Verhandlungen über die vorderasiatischen Fragen die Aufgabe, einen alten Reibungspunkt zu beseitigen und die Formen für ein friedliches Nebeneinanderarbeiten zu finden.

Die Angelegenheit der Bagdadbahn, die im Mittelpunkt jener vorderasiatischen Fragen stand, hatte seit länger als einem Jahrzehnt in den deutsch-englischen Beziehungen eine wichtige Rolle gespielt, wichtiger allerdings in der Vorstellung der Engländer als in derjenigen der Deutschen. Die in der Frage der Bagdadbahn zutagegetretenen Meinungsverschiedenheiten sind von der britischen Regierung stets mit einem Ernst und einem Nachdruck behandelt worden, wie kaum ein anderer zwischen England und Deutschland streitiger Gegenstand außer der Flottenfrage. Daß sich an der Frage der Bagdadbahn von Anfang an auch Frankreich und Rußland erheblich interessierten, machte diese Frage zu einem besonders verwickelten Problem der internationalen Politik. Nachdem Rußland durch die Potsdamer Abmachungen von 1910 sich an der Bagdadbahn desinteressiert und Deutschland freie Hand gegeben hatte, erschien der Versuch, auch mit Frankreich und namentlich mit England zu einer Verständigung zu kommen, nicht nur zur Förderung des Ausbaus dieses wichtigen Unternehmens geboten, sondern auch zur Entlastung der Beziehungen Deutschlands zu den Westmächten und damit zur Sicherung des Weltfriedens.

Der Verständigungsversuch hatte eine lange und wechselvolle Vorgeschichte.

Als gegen Ende der achtziger Jahre des vorigen Jahrhunderts deutscher Unternehmungsgeist und deutsches Kapital sich für die Türkei zu interessieren begann, fanden die deutschen Bestrebungen bei England Ermunterung, während sie bei Frankreich und Rußland auf Mißtrauen und Gegnerschaft stießen. Frankreich betrachtete damals die Türkei finanziell und wirtschaftlich als seine Domäne; das Auftauchen eines neuen Wettbewerbers, und gerade Deutschlands als des neuen Wettbewerbers, wurde deshalb nicht gern gesehen. Rußland, das auf den Zerfall der Türkei wartete und für sich den Löwenanteil an der Erbschaft des kranken Mannes erhoffte, war von vornherein jeder Entwicklung abhold, die neue Interessen an der Erhaltung der Türkei zu schaffen und das Osmanische Reich innerlich zu kräftigen geeignet war. England dagegen, das im Jahre 1878 die Türkei vor der Zertrümmerung gerettet hatte, betrachtete auch damals noch die Türkei als ein wichtiges Bollwerk gegen die russischen Ausdehnungsbestrebungen, das weder von Rußland zerstört, noch von Frankreich unter seine ausschließliche finanzielle und wirtschaftliche Kontrolle gebracht werden dürfe. Da der britische Unternehmungsgeist und das britische Kapital durch die großen Aufgaben innerhalb des britischen Weltreichs selbst in jenen Jahren vollauf in Anspruch genommen waren und wenig Neigung zu einer verstärkten Betätigung in der Türkei zeigten, ja sogar an das französische Kapital sichtlich Boden verloren, war der britischen Regierung das neue deutsche Interesse für die Türkei durchaus erwünscht. Seine Förderung paßte angesichts des damaligen freundschaftlichen Verhältnisses Englands zum Dreibund in den Rahmen der britischen Gesamtpolitik.

Nachdem im Jahre 1888 eine unter Führung der Deutschen Bank stehende deutsche Finanzgruppe die Konzession für den Bau und Betrieb einer Eisenbahn von Haidar-Pascha (Vorstadt von Konstantinopel auf dem asiatischen Ufer) nach Angora erhalten hatte, beteiligte sich an der zur Durchführung der Konzession errichteten Gesellschaft, der Anatolischen Eisenbahngesellschaft, neben deutschem, österreichischem und italienischem Kapital auch englisches Kapital, allerdings nur mit einer bescheidenen Quote, die auch bald wieder abgestoßen wurde.

Die Bahn nach Angora wurde in wenigen Jahren vollendet und alsbald durch eine Linie von Eskischehir nach Konia ergänzt. Im Jahre 1896 wurde auch diese Linie in Betrieb genommen. Das neue Eisenbahnnetz, eine Streckenlänge von mehr als 1000 km umfassend, erschloß, im Gegensatz zu den unter französischer und englischer Führung bisher erbauten kurzen Stichbahnen im westlichen Kleinasien und in Syrien, das Innere des anatolischen Hochlandes, das im Altertum durch seine Fruchtbarkeit und seinen Erzreichtum berühmt war und jetzt seiner Erweckung aus vielhundertjährigem tiefem Verfall wartete.

Als Frankreich sah, daß Deutschland sich in der Verfolgung des neugesteckten Zieles nicht irremachen ließ und daß Deutschland, das immer noch als armes Land galt, auch die für die Durchführung seiner Pläne erforderlichen Mittel aufzubringen in der Lage war, fand es sich mit den vollendeten Tatsachen ab. Es bildete sich zwischen den deutschen und den französischen Interessenten in der Türkei allmählich ein modus vivendi heraus, der zwar nicht ausschloß, daß man sich in einzelnen Geschäften gelegentlich scharf befehdete, der aber auf der andern Seite in wichtigen Fällen zu einem gemeinschaftlichen Vorgehen und einer Zusammenarbeit führte. Die einsichtigsten Vertreter Frankreichs, vor allem M. Constans, der seit 1899 lange Jahre hindurch als französischer Botschafter in Konstantinopel tätig war, rangen sich durch das Gestrüpp nationaler Vorurteile zu der von deutscher Seite stets vertretenen Überzeugung hindurch, daß Frankreichs und Deutschlands Interessen in der Türkei in den wesentlichsten Punkten — Erhaltung der türkischen Unabhängigkeit, finanzielle und wirtschaftliche Kräftigung der Türkei — übereinstimmten und eine loyale Zusammenarbeit notwendig machten. Dagegen wurde im Laufe der neunziger Jahre Englands anfangs so warmes Interesse für die deutsche Betätigung in der Türkei — im Einklang mit dem gesamtpolitischen Verhältnis — immer kühler. Nur einmal noch, unter der Einwirkung der Zuspitzung des britisch-französischen Verhältnisses im Jahre 1898 (Faschoda) und in der von Rußland in seiner vorderasiatischen Politik ausgenutzten Bedrängnis der ersten Periode des Burenkriegs, also zu der Zeit der Chamberlainschen Bestrebungen zur Schaffung einer deutsch-englisch-amerikanischen Entente, schien sich ein neues deutsch-englisches Zusammengehen auch in den vorderasiatischen Eisenbahnfragen ermöglichen zu lassen.

In jener Zeit gewann das Projekt der „Bagdadbahn" zum erstenmal greifbare Gestalt. Jene große Transversallinie, die Konstantinopel quer durch Kleinasien und Mesopotamien mit dem Persischen Golf verbinden sollte, ist nicht nur der gegebene Hauptstrang des gesamten Eisenbahnnetzes der asiatischen Türkei und damit für das Osmanische Reich die strategisch und wirtschaftlich wichtigste Eisenbahn, sondern sie hat auch als die kürzeste Verbindung zwischen Europa und Indien alle Aussicht, eine Weltlinie ersten Ranges zu werden. Es ist daher begreiflich, daß der Plan der Bagdadbahn schon seit Jahrzehnten fortgesetzt erörtert und von den verschiedensten Finanzgruppen mit der türkischen Regierung verhandelt worden war. Wenn bisher alle diese Erörterungen und Verhandlungen ohne Ergebnis geblieben waren, so lag das einmal an den finanziellen Schwierigkeiten des Projekts: seine Durchführung erforderte Hunderte von Millionen, eine privatwirtschaftliche Rentabilität war für lange Jahre nicht zu erwarten, für eine staatliche Garantie fehlten der Türkei die Mittel; ferner an einer politischen Schwierigkeit: der äußerst mißtrauische Sultan Abdul Hamid wollte, so brennend er sich für den Plan der Bagdadbahn interessierte, den Bau und Betrieb dieser wichtigsten aller türkischen Eisenbahnen nicht in Hände legen, von deren Loyalität und Zuverlässigkeit gegenüber der Türkei er nicht unbedingt überzeugt war.

Gegen Ende der neunziger Jahre schien sich die Möglichkeit zur Überwindung jener Schwierigkeiten zu bieten.

Die anatolische Linie stellte einen vielversprechenden Anfang dar. Die wirtschaftliche und finanzielle Entwicklung der Türkei ermöglichte die Schaffung neuer Einnahmequellen, die als Grundlage der Finanzierung der Bagdadbahn verwendet werden konnten. Und in Deutschland, das keinerlei territoriale Ziele in der Türkei verfolgte, das vielmehr durch seine eigensten Interessen genötigt war, für die Aufrechterhaltung der Unabhängigkeit und der Integrität der Türkei einzutreten, hatte der Sultan hinreichendes Vertrauen gewonnen, um das große Werk in deutsche Hände zu legen.

Die deutsche Regierung, an die sich der Sultan mit dem immer wiederholten und dringenden Ersuchen um Förderung des Planes wandte, sah hier die Möglichkeit zu einer bedeutungsvollen Ausweitung der wirtschaftlichen Weltstellung Deutschlands und zeigte sich deshalb gern bereit, den türkischen Wünschen zu entsprechen. Die deutsche Finanzgruppe, die das anatolische Netz geschaffen hatte, stellte sich für das große Unternehmen zur Verfügung.

Man war sich bei uns von Anfang an darüber klar, daß eine rasche Durchführung des großen Unternehmens nur auf internationaler Grundlage möglich sei. Der Umfang der für den Bau einer Streckenlänge von etwa 2500 km erforderlichen Kapitalien, die Notwendigkeit der Zustimmung der europäischen Großmächte zur Schaffung der für die Finanzierung des Unternehmens erforderlichen neuen türkischen Staatseinnahmen, die internationale Bedeutung der neuen Weltlinie, namentlich für den Verkehr mit Britisch-Indien, schließlich die weitgehende Abhängigkeit des Schicksals des Unternehmens von der politischen Haltung der einzelnen Großmächte — das alles mußte den Versuch nahelegen, nicht nur die Zustimmung, sondern auch die Mitwirkung der nächstinteressierten Großmächte und ihrer Finanzkreise an dem Unternehmen zu gewinnen.

Die Bemühungen nach dieser Richtung hin führten zunächst hinsichtlich Frankreichs zu einem Erfolg. Zwischen der Gruppe der Deutschen Bank und der französischen Gruppe der Ottomanischen Bank kam im Mai 1899 unter Mitwirkung der beiderseitigen Botschafter in Konstantinopel, des Baron Marschall und des Herrn Constans, ein grundsätzliches Einvernehmen über ein Zusammengehen in Sachen der Bagdadbahn zustande.

Auch mit England ließen sich die Verhandlungen zunächst günstig an. Als im November 1899 der Kaiser Wilhelm II. mit dem Reichskanzler zum Besuch bei der Königin von England in Windsor weilte, äußerte sich Chamberlain in dem Sinne, daß ihm eine englische Beteiligung an den deutschen Eisenbahnunternehmungen in Vorderasien erwünscht sei; es sei ihm lieber, die Deutschen in Kleinasien zu sehen, als die Russen und Franzosen. Aber es blieb bei dieser Bekundung eines politischen guten Willens; die Versuche, eine englische Finanzgruppe für eine positive Mitwirkung zu gewinnen, verliefen ergebnislos.

Als nach Erteilung einer Vorkonzession für die Bagdadbahn (Dezember 1899) die Versuche, eine finanzielle Mitwirkung Englands zu sichern, wiederaufgenommen wurden, zeigte sich in England eine verstärkte Zurückhaltung. Im Februar 1901 hatte der Leiter des Bagdadunternehmens, der Direktor der Deutschen Bank Dr. Georg von Siemens, im Londoner Foreign Office eine Besprechung, an der von englischer Seite der Unterstaatssekretär im Foreign Office, Mr. Sanderson, und der britische Botschafter in Konstantinopel, Sir Nicolas O'Conor, teilnahmen. Es handelte sich damals vor allem darum, festzustellen, ob mit Englands Zustimmung zu der für die Finanzierung des Bagdadprojekts erforderlichen Erhöhung der türkischen Eingangszölle gerechnet werden könne. Die englischen Herren äußerten nur unter Vorbehalten ihre persönliche Meinung, die darauf hinauskam, daß England eine Zustimmung zu der ins Auge gefaßten türkischen Zollerhöhung nur in Erwägung ziehen könne, wenn vorher ein ausreichendes britisches Interesse an dem geplanten Unternehmen der Bagdadbahn geschaffen worden sei. Ein solches britisches Interesse zu schaffen, überließen sie der deutschen Gruppe, ohne diese auch nur durch eine Andeutung zu unterstützen, nach welcher Richtung sie sich zweckmäßigerweise zu bemühen habe. Dr. von Siemens reiste unverrichtetersache nach Berlin zurück.

Die Folgezeit brachte, im Einklang mit der britischen Gesamtpolitik, eine immer deutlicher betonte Feindseligkeit

Englands gegenüber dem Bagdadprojekt. England legte den türkischen Zollerhöhungen Schwierigkeiten in den Weg und warf die Streitfrage von Koweit auf. Koweit ist eine kleine Stadt am Nordufer des Persischen Golfs; sein Hafen galt als der weitaus beste in jener Gegend und als der natürliche Endpunkt einer von Bagdad her an den Golf heranführenden Eisenbahn. Die britisch-indische Regierung hatte vor längerer Zeit mit dem Scheich von Koweit Verträge abgeschlossen, deren Inhalt niemals genauer bekanntgeworden ist. Auf Grund dieser Verträge beanspruchte England für sich zwar nicht ein Protektorat über Koweit, aber immerhin eine nicht genauer definierte Sonderstellung, während die Pforte an ihrer Souveränität über Koweit festhielt. Als im Herbst 1901 die Türken aus Anlaß eines Aufstandes Truppen in Koweit landen wollten, wurden sie durch britische Kriegsschiffe daran verhindert. Im Anschluß an diesen Vorgang teilte die britische Regierung der türkischen mit, daß sie unter Voraussetzung der Respektierung des — immer nicht genauer definierten — status quo durch die Türken ihrerseits davon Abstand nehmen wolle, Koweit zu besetzen und ein Protektorat zu erklären. Dabei ist es geblieben. Von deutscher Seite suchte man den Schwierigkeiten der Koweitfrage Rechnung zu tragen, indem man sich damit abfand, daß in der Anfang März 1903 erteilten endgültigen Bau- und Betriebskonzession für die Bagdadbahn der Endpunkt der Bahn am Persischen Golf nicht festgesetzt, sondern für eine spätere Verständigung offengehalten wurde.

Trotz dieses Entgegenkommens und trotz der Geneigtheit Deutschlands, sich auch in den andern für England wichtigen Punkten mit der britischen Regierung zu verständigen, lehnte die britische Regierung endgültig jede englische Mitwirkung ab. Balfour, der am 8. April 1903 im Unterhaus die neuen deutschen Vorschläge mitgeteilt und eine sorgsame Erwägung in Aussicht gestellt hatte, verkündigte am 23. April 1903, daß die angebotenen Garantien für eine gleichberechtigte Stellung Englands in dem Unternehmen nicht ausreichten und daß deshalb England die gewünschten Zusagen nicht geben könne.

In derselben Zeit erklärte Delcassé in der französischen Kammer, für die französische Mitwirkung an dem Bagdadunternehmen sei Vorbedingung die volle Gleichberechtigung Frankreichs im Kapital und in der Leitung.

Die englische und die französische Politik hatten sich also zusammengeschlossen, um Deutschland die Führung des von ihm vorbereiteten und gegründeten Unternehmens durch den Anspruch auf volle Gleichberechtigung, die in Wirklichkeit auf eine glatte Majorisierung Deutschlands hinausgekommen wäre, aus der Hand zu winden oder die Durchführung des Unternehmens zu verhindern.

Bei der unbedingten Gegnerschaft der englischen und französischen Politik — Rußland hatte aus den bereits angedeuteten Gründen von Anfang an dem Bagdadunternehmen

Schwierigkeiten bereitet — ist es geblieben. Trotzdem hielt die französische Finanzgruppe der Ottomanischen Bank den Wunsch und die Zusage ihrer Beteiligung — wahrscheinlich im geheimen Einverständnis mit der französischen Regierung — aufrecht. Da jedoch der französische Markt den Bagdadwerten verschlossen blieb, hat die französische Beteiligung für die deutsche Gruppe nur insofern Wert gehabt, als sie den Faden nicht ganz abreißen ließ und für später gewisse Möglichkeiten offenhielt.

Die im März 1903 erteilte Konzession umfaßte die Hauptlinie von Konia, dem Endpunkt der Anatolischen Bahn, bis zum Persischen Golf sowie eine Anzahl wichtiger Zweiglinien. Die finanziellen Vereinbarungen erstreckten sich jedoch nur auf die ersten 200 Kilometer vorwärts Konia, da nur für diese hinreichende Garantien verfügbar zu machen waren. Die Stellung von Garantien für das Gesamtnetz blieb vorbehalten.

Die erste Strecke von 200 Kilometer (Konia-Bulgurlu) konnte bereits im Herbst 1904 dem Betrieb übergeben werden. Dann aber geriet die Durchführung des Unternehmens angesichts der Unfähigkeit der türkischen Regierung, gegen den Widerstand Englands und Frankreichs weitere Garantien verfügbar zu machen, für eine Anzahl von Jahren ins Stocken.

Im Frühjahr 1906 wurde ich von der Deutschen Bank als ihr Vertreter und als Delegierter des Verwaltungsrats der Anatolischen Eisenbahngesellschaft und der

Bagdad-Eisenbahn-Gesellschaft nach Konstantinopel gesandt. Meine Hauptaufgabe war, an der Überwindung der Finanzierungsschwierigkeiten mitzuhelfen und mit der türkischen Regierung Verträge über den Weiterbau der Bagdadbahn, jedenfalls über das Taurusgebirge hinaus, tunlichst aber bis nach Aleppo, wo die Verbindung mit dem französischen Eisenbahnnetz in Syrien zu gewinnen war, zum Abschluß zu bringen.

Auch mir war klar, daß die besonderen Lebensbedingungen des Bagdadbahn-Unternehmens eine internationale Verständigung geradezu erforderten. Vor allem war, um die Bagdadbahn als großen internationalen Verkehrsstrang zwischen Europa und Indien voll nutzbar zu machen, eine Einigung mit England notwendig. Aber auf der andern Seite erschien mir jeder neue Einigungsversuch aussichtslos, solange die Gegenseite der Überzeugung war, daß wir ohne ihre Zustimmung keinen Schritt vorwärtskommen könnten und daß sie deshalb in der Lage sei, uns jede Bedingung aufzuerlegen und uns die Früchte unserer Arbeit zu entwinden. Der Boden für eine für uns annehmbare Verständigung mußte erst durch Tatsachen geschaffen werden, die aller Welt zeigten, daß wir entschlossen und stark genug waren, die Hindernisse, die man uns in den Weg legte, zu überwinden und nötigenfalls das Unternehmen auf eigne Faust der Vollendung zuzuführen.

In zäher Arbeit und hartem Kampf gelang es, die finanziellen Grundlagen für den Weiterbau zu sichern. Zwar setzten die Engländer durch, daß der Ertrag der dreiprozentigen Zollerhöhung, die endlich im Jahre 1907 für den Zeitraum von sieben Jahren den Türken zugestanden wurde, für die mazedonischen Reformen festgelegt wurde, so daß diese wichtige Einnahmequelle für die Finanzierung der Bagdadbahn gesperrt war. Aber gleichzeitig gelang es unsern Bemühungen, andere Einnahmen, die teilweise durch die im Jahre 1903 durchgeführte Unifikation der alten türkischen Staatsschuld, teilweise durch die wirtschaftliche Entwicklung der Türkei verfügbar geworden waren und für die Zukunft eine weitere günstige Entwicklung versprachen, für die Finanzierung des Weiterbaus der Bagdadbahn zu sichern. Am 2. Juni 1908 konnte ich meinen Namen unter Verträge mit der türkischen Regierung setzen, in denen der Ausbau von weiteren 840 Kilometern vereinbart wurde. Die neuen Strecken brachten die Durchquerung des Taurus und Amanus, die Verbindung mit dem Golf von Alexandrette durch den Anschluß an die von der deutschen Gruppe kurz zuvor erworbene Stichbahn Mersina—Adana, die Verbindung mit dem syrischen Eisenbahnnetz in Aleppo, schließlich die Überschreitung des Euphrat; vorläufiger Endpunkt war Tel Helif, ein Ort südlich von Mardin, der Ausgangspunkt der in der Konzession von 1903 vorgesehenen wichtigen Zweiglinie nach Diarbekir.

Mit diesen Verträgen war nach vierjähriger Stockung ein entscheidender Schritt vorwärts getan.

Wenige Wochen nach ihrer Unterzeichnung brach die jungtürkische Revolution aus. Die zunächst stark unter französischem und englischem Einfluß stehende neue Richtung war dem „deutschen" Bagdadunternehmen gegenüber stark voreingenommen. Aber die Bagdadverträge hielten Stich gegenüber aller Prüfung und Kritik; auch die Jungtürken mußten sich überzeugen, daß die Durchführung des begonnenen Werkes ein lebenswichtiges Interesse für die Türkei darstellte.

Von deutscher Seite aus wurde unter den neuen Verhältnissen ein neuer Versuch gemacht, in den türkischen Angelegenheiten mit Frankreich und England zusammenzugehen. Auf deutsche Anregung hin fand sich im Herbst 1908 die Gruppe der Deutschen Bank, die französische Gruppe der Ottomanischen Bank und eine englische, Sir Ernest Cassel nahestehende Gruppe zusammen, um der neuen Türkei durch einen Vorschuß und im Anschluß daran durch eine Anleihe über ihre finanziellen Schwierigkeiten hinauszuhelfen. Auch in der Frage der Bagdadbahn wurde die Fühlung mit England vorsichtig wiederaufgenommen. Im Herbst 1909 traf ich mit Sir Ernest Cassel, der inzwischen durch die Gründung der Banque Nationale de Turquie ein größeres Interesse an den türkischen Geschäften genommen hatte, in Konstantinopel zusammen; die Möglichkeiten einer Zusammenarbeit in den türkischen Geschäften, insbesondere im Bagdadbahn-Unternehmen, wurden dabei erörtert. Gegen Schluß des Jahres kam Sir Ernest nach Berlin. Er stellte zur Erwägung, ob wir uns entschließen könnten, das südliche Stück der Bagdadbahn, von der Stadt Bagdad bis zum Persischen Golf, an eine unter englischer Führung stehende Gesellschaft zu überlassen, wogegen England seinen bisherigen Widerstand gegen das Unternehmen aufgeben und uns nördlich von Bagdad freie Hand lassen sollte. An sich wäre eine solche Lösung vom Standpunkt der deutschen Interessen aus erträglich gewesen, vorausgesetzt, daß die türkische Regierung ihr Mißtrauen gegen eine Verstärkung der englischen Stellung in Südmesopotamien überwinden konnte und daß zwischen den beiden Finanzgruppen Abmachungen über das Ineinandergreifen des Betriebs der beiderseitigen Linien getroffen worden wären, die einen reibungslosen Durchgangsverkehr für Personen und Güter in derselben Weise wie auf einem einheitlichen Netze gesichert hätten.

Die Aussprache hatte aber zunächst keine weitere Folge. Im Gegenteil, im Laufe des Jahres 1910 kam es zu einem abermaligen, von Frankreich ausgehenden und von England unterstützten Vorstoß gegen Deutschlands finanzielle und wirtschaftliche Stellung in der Türkei. Eine französische Gruppe, die Fühlung mit englischen Kreisen suchte und fand, betrieb mit Hochdruck das Projekt einer Eisenbahn von Nordsyrien durch das Euphrattal nach Bagdad, um durch diese etwas kürzere, wirtschaftlich und strategisch jedoch für die Türkei weniger wertvolle Konkurrenzlinie der durch das Tigristal führenden deutschen Bagdadbahn den Todesstoß zu versetzen. Gleichzeitig wurde das starke Geldbedürfnis der Türkei von der französischen Regierung ausgenutzt, um der Türkei Bedingungen aufzuerlegen, die der Errichtung einer Finanzkontrolle gleichkamen und die Türkei in allen wirtschaftlichen Angelegenheiten, namentlich auch in der Ausgestaltung ihres Eisenbahnnetzes, dem Machtspruch der Westmächte unterworfen hätten. Der bedrängte türkische Finanzminister, der sich in Paris vor so unannehmbare Bedingungen gestellt sah, fand in London verschlossene Türen. In Paris und London war man überzeugt, daß Deutschland nicht stark genug sei, um der Türkei eine wirksame finanzielle Hilfe zu gewähren: „Londres ne veut pas, Berlin ne peut pas!" triumphierten damals die französischen Zeitungen.

Die Rechnung war falsch. In der Erkenntnis, daß es gelte, die Unabhängigkeit der Türkei und damit die gleichberechtigte Stellung Deutschlands in diesem wichtigen und zukunftsreichen Lande zu erhalten, schloß sich die gesamte deutsche und österreichisch-ungarische Bankwelt zu einem großen Konsortium zusammen, um der Türkei aus der Bedrängnis zu helfen. Im November 1910 reiste ich im Auftrag dieses Konsortiums nach Konstantinopel, um mit dem türkischen Finanzminister über die Anleihebedingungen zu verhandeln. Nach wenigen Tagen konnten die Verträge unterzeichnet werden, die der Türkei ausreichende Mittel sicherten, um für zwei Jahre den Fehlbetrag ihres Staatshaushalts zu decken.

Die Türkei machte von der hierdurch gewonnenen Bewegungsfreiheit Gebrauch, um den weiteren Ausbau der Bagdadbahn, deren volle Bedeutung inzwischen auch von den jungtürkischen Machthabern erkannt worden war, sicherzustellen. Im März 1911 kamen Verträge zustande, in denen der sofortige Ausbau der Hauptlinie bis Bagdad vereinbart und der Gesellschaft die Konzession für eine Zweiglinie nach Alexandrette und für den Bau und Betrieb eines Hafens an diesem wichtigen Platze verliehen wurde. Um der türkischen Regierung die Möglichkeit zu geben, doch noch mit England zu einer Verständigung über die Bagdadbahn zu kommen, wurde im Einverständnis mit dem Auswärtigen Amt dem Großwesir auf dessen Wunsch eine von meinem Kollegen von Gwinner und mir unterzeichnete Erklärung ausgestellt, daß wir bei der Bagdad-Eisenbahn-Gesellschaft dafür eintreten wollten, daß diese sich bereitfinde, unter noch näher zu vereinbarenden Bedingungen und Entschädigungen ihre Rechte auf die Strecke von Bagdad bis zum Golf, sei es ganz, sei es teilweise, an eine neuzugründende türkische Gesellschaft zu übertragen, vorausgesetzt, daß der deutsche Anteil an dieser Gesellschaft nicht geringer bemessen werde als derjenige einer jeden andern nichttürkischen Gruppe. Außerdem verzichtete die Bagdad-Eisenbahn-Gesellschaft auf alle ihre Rechte auf den Ertrag künftiger Zollerhöhungen, um dadurch dem Widerstand Englands gegen eine solche im Interesse der türkischen Finanzen unerläßliche Erschließung neuer Einnahmen ein für allemal den Boden zu entziehen.

Die Verständigung mit Frankreich über die türkischen Eisenbahnfragen

Die neuen Verträge, in Verbindung mit der vorausgegangenen Gewährung der Anleihe, hatten in der Tat die Wirkung, die Lage zu klären. In England wurde es für einige Zeit ganz still über die Bagdadbahn. Rußland hatte sich durch die Potsdamer Abmachung desinteressiert. Frankreich, dessen Vorstoß gegen das Bagdadunternehmen nun endgültig abgewiesen war, suchte jetzt „Kompensationen" für die von uns erzielten Erfolge auf andern Gebieten; es begann Verhandlungen über Eisenbahnkonzessionen erheblichen Umfanges in der europäischen Türkei und in Nordost-Anatolien und stellte der Türkei für den Fall eines günstigen Ergebnisses eine große Anleihe in Aussicht. Auch diese neuen französischen Wünsche kollidierten in wichtigen Punkten mit älteren Rechten der Anatolischen und der Bagdadbahn; aber dieses Mal versuchte die französische Gruppe sich in Güte mit der deutschen Gruppe zu verständigen. Es kam zu Besprechungen, die — über die einzelnen strittigen Punkte hinaus — sich auf die Gesamtheit der beiderseitigen Wirksamkeit in der Türkei erstreckten und die Möglichkeit der Aufstellung eines Programms für eine vernünftige, die wirtschaftlichen Bedürfnisse und die finanzielle Leistungsfähigkeit der Türkei berücksichtigende Arbeitsverteilung im Ausbau des türkischen Eisenbahnnetzes erörterten. Mit die größte Schwierigkeit bildete die unklare und unbefriedigende Stellung der französischen Gruppe im Bagdadunternehmen. Die französische Gruppe war nach wie vor mit 30 Prozent an dem Unternehmen beteiligt, während die noch kurz zuvor von Herrn Pichon als Minister des Auswärtigen neu verkündete Sperre des französischen Marktes für die Bagdadwerte ihr die aktive Mitwirkung an der Finanzierung des Geschäftes unmöglich machte. Ich hatte im Juni 1911 in Konstantinopel mit dem neuernannten Generaldirektor der Ottomanischen Bank, Herrn Revoil, früher französischer Gesandter in Tanger und Botschafter in Madrid, bekannt durch seine scharfe Vertretung des französischen Standpunktes in der Marokkofrage, mehrfache Unterredungen über diesen Gegenstand. Ich drang dabei auf eine Klarstellung der französischen Politik im Bagdadgeschäft: entweder wolle man die französische Beteiligung aufrechterhalten, dann müßten die Hindernisse einer effektiven französischen Mitwirkung an der Aufbringung der finanziellen Mittel und die offizielle Gegnerschaft der französischen Regierung gegen das Bagdadunternehmen beseitigt werden. Oder aber letzteres sei nicht möglich; dann seien wir bereit, die französische Beteiligung zurückzunehmen. Herr Revoil erklärte sich damals noch mit großer Entschiedenheit gegen ein Ausscheiden der französischen Gruppe aus dem Bagdadunternehmen, mit dem Hinzufügen, daß auch seine Regierung das Verbleiben der französischen Gruppe im Bagdadgeschäft wünsche. Es müsse auf andere Weise versucht werden, unsern Wünschen, deren Berechtigung er nicht bestritt, gerecht zu werden.

Diese kaum begonnenen Besprechungen wurden durch das Erscheinen des „Panther" vor Agadir und die sich daran anschließende kritische Zuspitzung des deutsch-französischen Verhältnisses unterbrochen. Dann ließen der türkisch-italienische Krieg und der Balkankrieg ein weiteres Zuwarten als geboten erscheinen. Erst im Frühjahr 1913 konnten die Fäden mit Nutzen wiederaufgenommen werden.

Meine Anwesenheit in Paris gab Gelegenheit, die deutsch-französische Verständigung über die türkischen Geschäfte wieder in Fluß zu bringen. Die Vorfrage der französischen Stellung im Bagdadgeschäft wurde dieses Mal zu einer klaren Entscheidung gebracht. Nachdem ich Herrn Revoil erneut die Alternative: „ou collaboration loyale, ou séparation nette" gestellt hatte, erklärte dieser, mir nach Befragung des Ministers des Auswärtigen eine klare Antwort geben zu wollen. Nach einigen Tagen brachte er mir den Bescheid des Quai d'Orsay; er lautete — wie mir

Herr Revoil versicherte, zu seinem großen persönlichen Bedauern — auf „séparation nette".

Auf Grund der damit gegebenen Entscheidung wurden dann die Verhandlungen über den ganzen Fragenkomplex in Berlin unter Mitwirkung des französischen Botschafters, eines Vertreters des französischen Ministeriums des Auswärtigen und des Vizegouverneurs der Bank von Frankreich fortgesetzt. Am 15. Februar 1914 konnten die Verträge paraphiert werden. Sie trafen Vereinbarungen über das Ausscheiden der französischen Gruppe aus dem Bagdadunternehmen und über den Ausbau der von beiden Gruppen in der asiatischen Türkei betriebenen und geplanten Eisenbahnsysteme, ferner Bestimmungen über die Anschlußpunkte, über die das gemeinschaftliche Interesse beider Eisenbahnsysteme berührenden Tariffragen, über eine den finanziellen Kräften der Türkei angepaßte zeitliche Staffelung der Ausführung neuer Eisenbahnbauten und schließlich über ein Zusammenwirken bei der Sicherung der infolge des Balkankriegs gefährdeten türkischen Anleihen und bei der Konsolidierung der türkischen Finanzen. Das Inkrafttreten des Abkommens war abhängig gemacht von dem Zustandekommen der Abmachungen, über die damals sowohl von der deutschen wie auch von der französischen Gruppe mit der türkischen Regierung verhandelt wurde. Ferner bestand natürlich ein enger Zusammenhang zwischen den deutsch-französischen Abmachungen und den Vereinbarungen, die damals zwischen Deutschland und England in Sachen der beiderseitigen Unternehmungen in Kleinasien und Mesopotamien zur Diskussion standen.

Die Verständigung mit England über die vorderasiatischen Fragen

Zwischen Deutschland, England und der Türkei hatte die Bagdadfrage seit dem Abschluß der Verträge über den Ausbau der Bahn bis Bagdad (März 1911) zunächst geruht. Die durch das Eingreifen Lloyd Georges so scharf zugespitzte Marokkokrisis ließ auf englischer Seite die Neuaufnahme von Verhandlungen wohl nicht als zeitgemäß erscheinen, während man auf der deutschen Seite sich sagen konnte, daß jeder Kilometer Bahnstrecke, der neu in Betrieb kam — und es wurde trotz aller Erschwernisse der ungünstigen Zeit mit aller Energie gebaut —, die eigne Position für jede künftige Auseinandersetzung verbessere. Die Besprechungen zwischen Lord Haldane und der deutschen Regierung im Frühjahr 1912 schienen den Boden für eine Verständigung, wie in den afrikanischen Kolonialfragen, so auch in den vorderasiatischen Fragen, zu ebnen. Freiherr von Marschall, der im Frühjahr 1912 als Botschafter von Konstantinopel nach London geschickt wurde, brachte für Verhandlungen über türkische Angelegenheiten eine ganz besondere Eignung mit. Leider ist es zwischen Baron

Marschall und Sir Edward Grey nur zu einleitenden Unterhaltungen gekommen; denn wenige Monate nach seiner Ernennung erlag Marschall einer schweren Krankheit. Sein Nachfolger wurde der Fürst Lichnowsky, dem die türkischen Angelegenheiten fernlagen und der ihre Bearbeitung im wesentlichen seinem Botschaftsrat, Herrn von Kühlmann, dem späteren Staatssekretär des Auswärtigen Amtes, überließ.

Die Verhandlungen über den Präliminarfrieden, der dem ersten Balkankrieg ein Ziel setzte, führten den früheren Großwesir Hakki Pascha als Bevollmächtigten der Türkei nach London. Hakki Pascha, einer der intelligentesten und jedenfalls der kenntnisreichsten der türkischen Staatsmänner, war bestrebt, seinen Londoner Aufenthalt zu einer völligen Bereinigung der zwischen der Türkei und England schwebenden Fragen zu benutzen, und er war entschlossen, für eine Klärung des türkisch-britischen Verhältnisses nötigenfalls auch Opfer zu bringen. Insbesondere in der Bagdadfrage hatte Hakki Pascha von langer Hand eine solche Politik vorbereitet. Er war es, der als Großwesir gelegentlich des Abschlusses der Verträge vom März 1911 sich von uns die Erklärung der Bereitwilligkeit zur Übertragung der Konzessionsrechte an der Südstrecke der Bagdadbahn an eine neu zu errichtende Gesellschaft hatte ausstellen lassen.

Aus den Besprechungen zwischen Sir Edward Grey und Hakki Pascha, über deren Verlauf die deutsche Botschaft von beiden Seiten unterrichtet wurde, ergab sich, daß die britische Regierung im wesentlichen folgende Ziele im Auge hatte:

Erstens die Regelung der das Nordufer des Persischen Golfes, namentlich das Gebiet von Koweit, betreffenden Fragen im Sinne der alten englischen Ansprüche.

Zweitens die Erlangung eines Schiffahrtsmonopols auf dem Euphrat und Tigris für eine neuzugründende türkische Gesellschaft, in der das englische Kapital und der englische Einfluß vorherrschend sein sollten.

Drittens die Zusage, daß auf der Bagdadeisenbahn jede Differenzierung in den Bedingungen des Güterverkehrs zugunsten oder ungunsten der Waren irgendeiner Nationalität, Herkunft oder Bestimmung ausgeschlossen sein solle.

Der erste Punkt dieser Forderung umschloß die Herbeiführung des Verzichts der Bagdad-Eisenbahn-Gesellschaft auf die Heranführung ihres Stranges bis unmittelbar an den Persischen Golf und auf die Errichtung und den Betrieb eines Hafens am Persischen Golf. Dagegen zeigte sich die britische Regierung, die früher stets die Kontrolle über die ganze Bahnstrecke südlich von Bagdad als ihre Mindestforderung aufgestellt hatte, jetzt für den Fall des erwähnten Verzichtes bereit, der Bagdad-Eisenbahn-Gesellschaft für den Ausbau ihrer Hauptlinie bis zu der am Shatt el Arab, dem Zusammenfluß des Euphrat und Tigris, gelegenen Stadt Basra keine weiteren Schwierigkeiten zu machen.

Auf dieser Grundlage erschien eine für die deutschen Interessen an der Bagdadbahn erträgliche Einigung möglich. Der Shatt el Arab wurde damals schon von den Schiffen der Hamburg-Amerika-Linie, die einen regelmäßigen Dienst nach Basra eingerichtet hatte, ebenso von den Schiffen der British India Steamship Navigation Company und andern Schiffahrtsgesellschaften bis Basra befahren. Das Haupthindernis, die dem Shatt vorgelagerte Barre, konnte von diesen Schiffen zur Flutzeit passiert werden. Nach dem Urteil der Sachverständigen ist ohne allzu große Schwierigkeiten und Kosten eine Ausbaggerung möglich, die auch für Schiffe mit großem Tiefgang eine jederzeit benutzbare Fahrrinne schafft. Unter der Voraussetzung, daß die nötigen Vorkehrungen für die Schiffbarmachung und die dauernde Schiffbarerhaltung des Shatt el Arab vom Golf bis Basra getroffen, sowie ferner, daß ausreichende Sicherheiten für die dauernde Freiheit der Schiffahrt auf dem Shatt geschaffen würden, konnte man sich auf deutscher Seite vom verkehrstechnischen Standpunkt aus mit einem Verzicht auf die in der Bagdadkonzession vorgesehene Linie von Basra bis zum Golf abfinden.

Politische Voraussetzung war die Zustimmung der türkischen Regierung. Diese hatte zu Abdul Hamids Zeiten, aber auch noch späterhin, jedes deutsche Zurückweichen vor England in der Frage der Endstrecke der Bagdadbahn als ein Imstichlassen der Türkei in der Verteidigung ihrer

Souveränität über das türkische Küstengebiet des Persischen Golfs und über Südmesopotamien angesehen. Wenn nunmehr die Türkei bereit war, die das Küstengebiet des Golfes betreffenden Streitfragen durch Zugeständnisse an England zu liquidieren, die der Lebensfähigkeit der Bagdadbahn und ihrem Wert als großer Weltverkehrslinie keinen Eintrag taten, so war es nicht Sache Deutschlands, die Türkei hieran zu hindern.

Vom deutschen Standpunkt aus konnte man im Gegenteil die türkisch-britische Verständigung über die Golffrage nur willkommen heißen, wenn sich aus dieser die Möglichkeit einer deutsch-britischen Verständigung über die Streitfrage der Bagdadbahn ergab, zumal da eine solche Verständigung nicht nur die von der deutschen Regierung gewünschte Entlastung der allgemein-politischen Spannung herbeizuführen geeignet war, sondern auch zur endgültigen Sicherstellung des Ausbaus der Bagdadbahn und ihrer wichtigsten Zweiglinien benutzt werden konnte.

Eine solche Sicherstellung des Ausbaus der Bagdadbahn wurde von deutscher Seite zur Voraussetzung der Zustimmung zu dem Verzicht auf die Linie Basra—Golf und auf den Hafen am Persischen Golf gemacht, ebenso wie in den Verhandlungen mit den Franzosen diese Sicherung die Voraussetzung für die verschiedenen deutschen Zugeständnisse bildete. Die erforderlichen Sicherungen waren nicht etwa nur negativer Natur; sie bestanden nicht nur darin, daß England und Frankreich, wie vorher schon

Rußland, sich verpflichteten, ihren bisherigen Widerstand gegen den Ausbau der Bagdadbahn aufzugeben. Vielmehr war die aktive Mitwirkung dieser Mächte erforderlich, um die durch das Ergebnis des Balkankriegs bedrohten finanziellen Grundlagen des Bagdadunternehmens wiederherzustellen. Die Abtrennung fast des ganzen europäischen Territoriums von dem türkischen Reiche hatte zur notwendigen Folge eine entsprechende Minderung der für die Bagdadobligationen verpfändeten türkischen Staatseinnahmen. Die Frage, in welcher Weise die türkischen Staatsgläubiger vor der sich aus der territorialen Veränderung des türkischen Reichsbestandes ergebenden Schädigung geschützt werden sollten, gehörte mit zu den Verhandlungsgegenständen der Pariser Finanzkonferenz. Der gute Wille und die Mitwirkung der Westmächte bei der Lösung dieser Frage war gerade für die Sicherung des Bagdadunternehmens von besonderer Wichtigkeit.

In der Hauptsache allerdings war die finanzielle Sicherstellung der Bagdadbahn und ihres Ausbaus in Verhandlungen mit der türkischen Regierung durchzusetzen. Es handelte sich dabei nicht nur um Kompensationen für den durch den Verlust der europäischen Türkei drohenden Ausfall an den für die Bagdadobligationen verpfändeten Einnahmen, sondern auch um die Bereitstellung von ausreichenden Garantien für den Ausbau der Hauptlinie bis Basra und der wichtigsten Zweiglinien, namentlich der Linie Bagdad—Hanekin (persische Grenze), die nach dem

Potsdamer Abkommen mit Rußland dort Anschluß an das nordpersische Eisenbahnnetz finden sollte. Außerdem gehörte zu der Sicherung des Ausbaus des Bagdadeisenbahnnetzes eine Anpassung der finanziellen Konstruktion des Bagdadunternehmens an die durch den Tripolis- und Balkankrieg wesentlich verschlechterten Verhältnisse des türkischen Staatskredits. Über alle diese Dinge wurde gleichlaufend mit den deutsch-englischen und deutsch-französischen Verhandlungen mit der türkischen Regierung verhandelt, in dem allseitigen Einverständnis, daß unsere Abmachungen mit der Türkei einerseits, mit England und Frankreich andrerseits sich gegenseitig bedingten.

Mußte die unbedingte Sicherung für einen in absehbarer Zeit durchzuführenden Ausbau der Bagdadbahn die Voraussetzung sein allein schon für unsern Verzicht auf die Golfstrecke und den Hafen am Golf gegenüber den Engländern sowie für unser weitherziges Entgegenkommen gegenüber den Franzosen bei der Abgrenzung der beiderseitigen Eisenbahnnetze, so wurde diese Notwendigkeit verstärkt durch eine Reihe weiterer Forderungen, die England in die Verhandlungen hineinwarf. Ich habe oben bereits Englands Anspruch auf die Flußschiffahrt in Mesopotamien erwähnt. Das von der britischen Regierung für eine unter englischer Kontrolle stehende Gesellschaft türkischen Rechts erstrebte Monopol bildete für die deutsche Regierung einen schweren Stein des Anstoßes. Hakki Pascha hatte sich in London von dem Foreign Office eine

Zusage abringen lassen. Die britische Regierung machte es gegenüber der deutschen zur Voraussetzung für jede Abmachung über die vorderasiatischen Angelegenheiten, daß die deutsche Regierung sich mit der von der türkischen Regierung zugestandenen Schiffahrtskonzession auf den mesopotamischen Flüssen abfinde. Gegenüber allen Vorstellungen hielt sie mit der größten Hartnäckigkeit an diesem Standpunkte fest. Wenn die deutsche Regierung die Verhandlungen nicht scheitern lassen wollte, mußte sie sich darauf beschränken, die deutschen Interessen an der mesopotamischen Schiffahrt durch Sicherstellung der völligen Gleichberechtigung deutscher Frachten und durch eine deutsche Beteiligung am Kapital und in der Verwaltung der Schiffahrtsgesellschaft nach Möglichkeit zu wahren. Wenn aber die deutsche Regierung sich mit dem unter britischer Kontrolle stehenden Schiffahrtsmonopol abfand, so mußte sie — sollte nicht England in dem Verkehrsgebiet der Bagdadbahn einen kaum mehr einzuholenden Vorsprung gewinnen — auf der Sicherung des sofortigen Ausbaues der Bagdadbahn mit verdoppeltem Nachdruck bestehen.

In der gleichen Richtung wirkten die britischen Ansprüche hinsichtlich der mesopotamischen Bewässerungsanlagen und der Ausbeutung der mesopotamischen Petroleumvorkommen.

Schließlich erstreckte die britische Regierung die Verhandlungen auch noch auf eine der deutsch-französischen

Abmachung analoge Verständigung zwischen der von britischem Kapital kontrollierten Smyrna-Aidin-Bahn im westlichen Kleinasien einerseits, der Anatolischen Eisenbahn und Bagdadeisenbahn andrerseits.

Die Verhandlungen waren außerordentlich schwierig. Sie wurden von der englischen Seite mit einer nicht zu übertreffenden Zähigkeit geführt, auch im Festhalten an Einzelheiten, die im Verhältnis zu der Gesamtheit der auf dem Spiel stehenden Interessen für England nur geringfügige Bedeutung haben konnten. Immer wieder wurde die deutsche Seite vor die Frage gestellt, ob sie an der oder jener mehr oder weniger wichtigen Frage das Verständigungswerk scheitern lassen wollte. Es gehörte für uns ein ungewöhnliches Maß von Geduld und gutem Willen dazu, um alle die kleinen und großen Klippen zu überwinden.

Schließlich kam nach mehr als einjährigen Verhandlungen eine Einigung zustande, die in großen Zügen folgendermaßen aussah:

Als südlicher Endpunkt der Bagdadeisenbahn wurde Basra festgesetzt. Auf eine Weiterführung der Bagdadeisenbahn bis zum Golf und auf den Hafen am Golf leistete die Bagdad-Eisenbahn-Gesellschaft Verzicht. Dafür verpflichtete sich die englische Regierung, dem Ausbau der Bagdadbahn bis Basra keinerlei Schwierigkeiten zu machen und keinerlei Bestrebungen, Konkurrenzbahnen zur Bagdadbahn in den Vilajets Bagdad und Mossul zu bauen, irgendwie zu unterstützen. Die Bagdad-Eisenbahn-

Gesellschaft übernahm die Verpflichtung, keinerlei differentielle Behandlung in den Bedingungen des Transports nach Nationalität, Herkunft oder Bestimmung der Waren eintreten zu lassen. Sie hielt für eine noch zu konstituierende englische Finanzgruppe eine Beteiligung an ihrem Gesellschaftskapital offen und verpflichtete sich, zwei Verwaltungsratssitze mit britischen Mitgliedern zu besetzen.

In Bagdad und Basra sollten von einer von der Bagdad-Eisenbahn-Gesellschaft zu gründenden Untergesellschaft Hafeneinrichtungen gebaut und betrieben werden. Diese Hafengesellschaft sollte unter der Kontrolle der deutschen Gruppe stehen; für britische Interessenten sollte eine Beteiligung von 40 Prozent offengehalten werden.

England traf mit der Türkei Vereinbarungen über die Schiffbarmachung des Shatt el Arab für Schiffe größeren Tiefgangs, denen Deutschland beitrat. Gleichzeitig wurde die volle Freiheit der Schiffahrt für Fahrzeuge aller Nationen auf dem Shatt und der Ausschluß einer jeglichen differentiellen Behandlung dieser Schiffahrt in bezug auf Abgaben und sonstige Bedingungen festgelegt. Für die von der Schiffahrt auf dem Shatt el Arab als Beitrag zu den Kosten der Regulierung zu erhebenden Abgaben wurde ein mäßig gegriffener Höchstsatz vereinbart.

Die deutsche Regierung übernahm die Verpflichtung, der Erteilung der Konzession für die mesopotamische Flußschiffahrt an eine unter englischer Kontrolle stehende Gesellschaft keine Schwierigkeiten zu machen. Von dem Kapital der Gesellschaft sollte ursprünglich die Hälfte auf England, die andere Hälfte auf die Türkei entfallen. Man einigte sich jedoch schließlich dahin, daß 40 Prozent des türkischen Anteils, also 20 Prozent des Gesamtkapitals, für deutsche Interessenten offengehalten werden sollten. Damit war natürlich auch eine entsprechende Vertretung im Verwaltungsrat der Schiffahrtsgesellschaft verbunden. Der Ausschluß einer jeden differentiellen Behandlung in den Transportbedingungen wurde in ähnlicher Weise festgelegt wie bei der Bagdadeisenbahn. In den Abmachungen zwischen England und der Türkei und in den Statuten der Schiffahrtsgesellschaft war die peinlichste Fürsorge dafür getroffen, daß in allen wichtigen Angelegenheiten im Falle von Stimmengleichheit der Vorsitzende des Verwaltungsrats, der von der englischen Gruppe gestellt wurde, den Ausschlag geben sollte.

Das Inkrafttreten der Abmachungen war gebunden an die Ergänzung der durch die Abtretung der europäischen Provinzen verminderten Pfänder für die Bagdadobligationen und an das Zustandekommen der Abmachungen mit der Türkei über die Bereitstellung der für den sofortigen Ausbau des Bagdadeisenbahnnetzes erforderlichen Garantien. Die britische Regierung war ihrerseits bereit, die Stellung dieser Garantien dadurch zu unterstützen, daß sie ihre Einwendungen gegen die von der Türkei geplante und für die Konsolidierung der türkischen Finanzen unbedingt notwendige Zollerhöhung endlich fallen ließ. Wenn auch die Bagdad-Eisenbahn-Gesellschaft schon im Jahre 1911 endgültig auf ihre früheren Ansprüche auf den Ertrag der Zollerhöhung verzichtet hatte und auch jetzt nicht daran dachte, auf die Zollerhöhung für die Finanzierung des Ausbaus ihres Netzes zurückzugreifen, so wurde der türkischen Regierung durch das Zugeständnis der Zollerhöhung wenigstens indirekt die Zuweisung der für den Ausbau der Bagdadbahn erforderlichen Pfänder erleichtert.

Gleichzeitig mit diesen Abmachungen wurde auch eine Übereinstimmung über die in Mesopotamien auszuführenden Bewässerungsarbeiten und über die gemeinschaftliche Ausbeutung der mesopotamischen Petroleumvorkommen erzielt; desgleichen über die recht weitgehenden Wünsche der Smyrna-Aidin-Eisenbahn-Gesellschaft. Hinsichtlich der mesopotamischen Bewässerungsarbeiten verpflichtete sich die deutsche Regierung, keine Konkurrenz gegen die von den Engländern schon in Bearbeitung genommenen Projekte zu unterstützen; angesichts der großen Ausdehnung der von Sir William Willcox schon seit Jahren bearbeiteten Pläne war das ein sehr weitgehendes Zugeständnis. In der für die Ausbeutung der mesopotamischen Petroleumquellen errichteten Gesellschaft begnügte sich die deutsche Gruppe, die immerhin nicht unwesentliche Rechte einbrachte, mit einer Beteiligung von 25 Prozent, während die englische Gruppe 50 Prozent und die niederländische Gruppe der Königlichen Petroleum-Gesellschaft die restlichen

25 Prozent erhielt. Gegenüber der Smyrna-Aidin-Eisenbahn verzichtete die Anatolische Eisenbahn-Gesellschaft auf ihr Einspruchsrecht gegen gewisse von jener Gesellschaft seit langer Zeit begehrte Zweig- und Verbindungslinien, die von der Anatolischen Eisenbahn bisher als unerwünschte Konkurrenz mit Erfolg bekämpft worden waren.

Um die Mitte des Jahres 1914 war dieses weitschichtige Vertragswerk, das alle wesentlichen Berührungspunkte der deutschen und englischen Interessen in der asiatischen Türkei regelte und den neben der Flottenfrage wichtigsten Reibungspunkt zwischen Deutschland und England aus der Welt schaffte, in allen seinen Einzelheiten festgestellt. Nachdem bereits im Februar 1914 die Abmachungen zwischen Deutschland und Frankreich paraphiert worden waren, stand jetzt nur noch die Einigung zwischen Deutschland und der Türkei aus, die für das Inkrafttreten der andern Abmachungen die Voraussetzung war. Auch diese war in mühevollen Verhandlungen so weit vorgeschritten, daß ein befriedigender Abschluß innerhalb kurzer Zeit erwartet werden konnte.

Ein wichtiges Stück Arbeit an der Befestigung des Weltfriedens stand unmittelbar vor der Vollendung. Da machte der Ausbruch des Weltkriegs dieses Werk und alle darauf gesetzten Hoffnungen zunichte.

Die deutsch-englische Verständigung und die englisch-russische Marinekonvention

Angesichts des furchtbaren Abschlusses der mit so heißem Bemühen geführten Verständigungsverhandlungen drängt sich unausweichlich die Frage auf, ob diese Versuche, dem Weltfrieden durch die Ausschaltung vermeidbarer Reibungen und durch die Einleitung friedlicher Zusammenarbeit eine stärkere Grundlage zu geben, nicht schließlich nur Scheinmanöver gewesen sind, mit denen der eine Teil den andern hinhalten und über seine wahren Absichten täuschen wollte. Die Folgerung liegt zu nahe, daß der Ausbruch des Weltkriegs sich hätte verhindern lassen müssen, wenn der Wille zum Frieden, der doch schließlich allein den Verhandlungen über die Ausräumung wichtiger Reibungspunkte einen Sinn und eine Berechtigung geben konnte, auf beiden Seiten echt war.

Nach meinen persönlichen Wahrnehmungen kann ich nur bekunden, daß auf der deutschen Seite alle maßgebenden Stellen und Personen durchdrungen waren von dem ehrlichsten Willen, durch eine planmäßige Entlastung der politischen Beziehungen zwischen den europäischen Völkern die Kriegsgefahr einzudämmen und die Aussichten der Erhaltung des Friedens zu verbessern. Und ich glaube hinzufügen zu können, die leitenden politischen Persönlichkeiten waren erfüllt von der guten Hoffnung, daß ihr Bestreben von Erfolg gekrönt sein werde. Die

Unterhaltung zwischen dem deutschen Reichskanzler und dem großbritannischen Botschafter in Berlin am Tage des Eintritts Englands in den Krieg ist dafür ein Beleg.

Weniger klar und durchsichtig ist das Verhalten der Mächte des dreifachen Einvernehmens, insbesondere Englands.

Halten wir uns an die Tatsachen!

Ich habe weiter oben darauf aufmerksam gemacht, daß Sir Edward Grey während der ersten Monate des Balkankriegs sich Deutschland gegenüber in einer geradezu auffallenden Weise freundlich und zu einer Zusammenarbeit im Interesse der Aufrechterhaltung des Friedens bereit zeigte, daß ihn diese sichtliche Annäherung an Deutschland jedoch nicht hinderte, gerade damals mit dem französischen Botschafter in London den Briefwechsel auszutauschen, der später in der entscheidenden Stunde von Sir Edward Grey selbst als moralische Verpflichtung zur Waffenhilfe an Frankreich anerkannt wurde. Jetzt, während die mühevollen Verhandlungen über die vorderasiatischen Fragen zum Abschluß gebracht wurden, trat nicht etwa eine Entspannung des gegen Deutschland gerichteten Systems ein, vielmehr kam es auch jetzt — genau wie im November 1912 — zu einem strafferen Anziehen der Fäden des um Deutschland geschlungenen Netzes.

Am 21. April 1914 besuchte König Georg den Präsidenten Poincaré in Paris. Er war begleitet von dem Staatssekretär des Auswärtigen Sir Edward Grey. Diese Tatsache unterstrich die politische Bedeutung des Besuchs um so stärker, als Sir Edward bisher das Gebiet der britischen Inseln überhaupt niemals verlassen hatte. Schon vor dem Eintreffen des Königs Georg in Paris hatte der russische Botschafter Iswolski angeregt, den Besuch des Königs zu benutzen, um das lose Gefüge des dreifachen Einvernehmens in ein „Bündnis nach Analogie des Dreibundes“ umzuwandeln. Sein Vorschlag wurde von dem französischen Minister des Auswärtigen, Herrn Doumergue, beifällig aufgenommen. Sir Edward Grey lehnte zwar den Abschluß eines förmlichen Bündnisses ab; ein solches bestand ja auch gegenüber Frankreich nicht, und den Briefwechsel mit Paul Cambon über das Zusammenwirken der beiderseitigen Land- und Seestreitkräfte hatte Sir Edward vor dem britischen Parlament, dem er immer versicherte, England habe völlig freie Hand, geheimgehalten. Aber er zeigte sich geneigt, die bestehenden militärischen Abmachungen zwischen Frankreich und England durch gleichartige Abmachungen zwischen England und Rußland zu ergänzen. In Frage kam der Natur der Sache nach in erster Linie ein Marineabkommen. Sir Edward erlangte hierfür die Zustimmung des britischen Kabinetts, und es wurde vereinbart, daß die auf dieser Grundlage erforderlichen militärischen Verhandlungen unmittelbar zwischen der britischen Admiralität und dem russischen Marineattaché in London stattfinden sollten.

Jeder Zweifel an der Bedeutung dieses engeren Zusammenschlusses der Triple-Entente wird beseitigt durch die vor kurzem von der russischen Regierung veröffentlichten Berichte des russischen Botschafters in London, Grafen Benckendorff. Dieser war während des Besuchs des Königs Georg gleichfalls in Paris anwesend und berichtete von dort am 21. April 1914 an Herrn Ssasonoff nach Petersburg, er hoffe, „die Hauptsache erreicht zu haben, nämlich die bisher allzu theoretischen und friedlichen Grundgedanken der Entente durch etwas Greifbares zu ersetzen". Er sei sich zweifelhaft, „ob sich eine stärkere Garantie für eine gemeinsame militärische Operation im Kriegsfalle finden ließe, als der Geist dieser Entente, wie er sich offenbart hat, verstärkt durch die bestehenden militärischen Vorkehrungen". Von dem von Sir Edward Grey abgelehnten förmlichen und öffentlichen Bündnis riet auch Graf Benckendorff ab, da ein solches „ein sehr viel günstigeres Feld für eine Agitation zugunsten Deutschlands bieten würde". — „Agitation zugunsten Deutschlands" — das war das Bestreben der englischen Friedensfreunde, zu einem besseren, die Gefahr eines bewaffneten Konfliktes ausschließenden Verhältnis zu Deutschland zu kommen!

Die Tatsache, daß gerade in der Zeit, als die deutsch-englische Verständigung über die kolonialen und vorderasiatischen Fragen sich dem Abschluß näherten, die britische Regierung es für angezeigt hielt, das System der Entente durch militärische Abmachungen mit Rußland, die sich ganz unzweideutig gegen Deutschland richteten, zu verstärken, zeigt zum mindesten, daß die britische Politik nicht gewillt war, sich durch eine Verständigung mit Deutschland über noch so wichtige Einzelfragen davon abhalten zu lassen, in ihren seit einem Jahrzehnt betriebenen politischen und militärischen Vorbereitungen für den Krieg mit Deutschland in verstärktem Maße fortzufahren. Der Geist, der in den von Lord Haldane Anfang 1912 eingeleiteten Besprechungen zum Ausdruck gekommen war, beherrschte nach wie vor die britische Politik: England wollte die Kampfstellung gegenüber Deutschland nicht aufgeben. Die Verständigung in Einzelfragen, mochten sie für sich noch so bedeutungsvoll sein, mußte unter diesen Umständen ihren eigentlichen Zweck — die Schaffung einer Atmosphäre des Vertrauens zwischen den beiden großen Ländern und damit die Schaffung der wichtigsten Voraussetzung für die Entspannung der internationalen Lage — von vornherein verfehlen. Die Verhandlungen über die britisch-russische Marinekonvention, die natürlich der deutschen Regierung und der Öffentlichkeit trotz aller Ableugnungs- und Beschwichtigungsversuche bekanntgeworden waren, hatten vielmehr das Gegenteil der Wirkung, die man mit der Verständigung über die kolonialen und vorderasiatischen Fragen erreichen wollte. Warnend hoben die offiziösen deutschen Zeitungen hervor, daß durch die britisch-russische Marinekonvention alle bisher erzielten Fortschritte in der deutsch-englischen Annäherung in Frage gestellt und eine Verschärfung des

Mißtrauens zwischen den beiden Ländern herbeigeführt werden müßte.

Diese Wirkung mußte um so notwendiger eintreten, als durch den engeren Zusammenschluß der Triple-Entente die in Rußland und Frankreich ohnedies im Wachsen begriffenen kriegerischen Strömungen ermuntert und verstärkt wurden. Für die russische Kriegspartei war die Entsendung einer deutschen Militärmission nach Konstantinopel im Herbst 1913 Wasser auf ihre Mühlen. Insbesondere die Neuerung, daß dem Führer der Militärmission, dem General Liman von Sanders, das Kommando über das Konstantinopeler Armeekorps übertragen werden sollte, während die bisherigen Führer der deutschen Militärmissionen in der Türkei, zuletzt der Generalfeldmarschall von der Goltz, keine Kommandogewalt gehabt hatten, wurde von den deutschfeindlichen Treibern zur Erregung der öffentlichen Meinung ausgenutzt. Dem scharfen Protest in Konstantinopel und Berlin, zu dem sich die russische Regierung veranlaßt sah, schloß sich die französische und auch die englische Regierung an, obwohl schon seit einiger Zeit eine britische Marinemission, deren Führer gleichfalls mit Kommandobefugnissen ausgestattet waren, in der Türkei tätig war. Deutschland gab schließlich, um einem Konflikt mit Rußland auszuweichen, nach und erklärte sich damit einverstanden, daß die Befugnisse des Generals Liman auf die Generalinspektion der türkischen Militärschulen beschränkt wurden. Aber auch diese Nachgiebigkeit führte kein Nachlassen in den Treibereien gegen Deutschland herbei. Die Sprache der russischen und französischen Presse gegen Deutschland wurde immer maßloser. Auf russischer Seite wurde das Anrecht Rußlands auf die asiatische Türkei und das Anrecht des Slawentums auf die von Slawen bevölkerten Teile der vor dem Zusammenbruch stehenden österreichisch-ungarischen Monarchie, auf französischer Seite Frankreichs unverjährbarer Anspruch auf Elsaß-Lothringen mit erneutem Nachdruck proklamiert. Ganz offen besprach die Presse beider Länder die infolge der ihrer Vollendung zugehenden russischen Rüstungen immer besser werdenden Aussichten eines Krieges gegen die Mittelmächte. Blätter, deren enge Beziehungen zu den offiziellen Kreisen in Petersburg und Paris weltkundig waren, beteiligten sich an diesem Feldzug. Der russische Kriegsminister, Herr Ssuchomlinoff, äußerte sich in dem ihm nahestehenden Blatte wiederholt in kaum mehr verhüllten Kriegsdrohungen: „Frankreich und Rußland wollen den Krieg nicht, aber Rußland ist bereit und erwartet, daß Frankreich es gleichfalls sein wird." Und am 24. April 1914, also unmittelbar nach dem Besuch des Königs Georg in Paris, berichtete der belgische Gesandte in Berlin, Baron Beyens, an seine Regierung: „Herr Cambon (der französische Botschafter in Berlin) sieht wieder die Hand des Herrn Iswolski in dieser zwecklosen Kampagne der russischen und französischen Zeitungen." Ich fand, als ich im Mai 1914 zum letztenmal zu geschäftlichen Besprechungen in Paris war, dort unter aufrichtigen Freunden der Erhaltung des Friedens eine sehr nervöse und besorgte Stimmung. Die Presse und öffentliche Meinung waren in einer durch konkrete Tatsachen allein nicht zu erklärenden Erregung, die auf die leitenden Kreise teils übergriff, teils von ihnen gefördert wurde. Gerade damals entrüstete man sich in Paris, daß in einer Theatervorführung — ich glaube im Berliner Eispalast — französische Fremdenlegionäre in Uniform auf die Bühne gebracht worden waren. Ernsthafte Leute fragten mich aus diesem Anlaß, ob denn Deutschland durchaus den Krieg wolle! Ich ließ mir die letzte Ausgabe des „Temps" geben und zeigte den Aufgeregten im Theateranzeiger drei oder vier Stücke, in denen deutsche Offiziere auf Pariser Bühnen Abend für Abend unter tosendem Beifall des Publikums in den kläglichsten Rollen vorgeführt und beschimpft wurden. Der Eindruck, den ich damals von Paris mitnahm, daß wir trotz aller Verständigungsbemühungen Frankreich und Rußland gegenüber weiter denn je von einer friedlichen Entspannung entfernt seien und daß die Beziehungen der Mittelmächte zum Zweibund keinerlei nennenswerte Belastung vertragen könnten, wurde auch von andern Beobachtern geteilt. Wir kennen heute einen Bericht des belgischen Gesandten in Paris, Baron Guillaume, aus jener Zeit — er ist vom 8. Mai 1914 datiert —, in dem es heißt:

„Unstreitig ist die französische Nation in diesen letzten Monaten chauvinistischer und selbstbewußter geworden.

Dieselben berufenen und sachverständigen Persönlichkeiten, die vor zwei Jahren sehr lebhafte Befürchtungen bei der bloßen Erwähnung von möglichen Schwierigkeiten zwischen Frankreich und Deutschland äußerten, stimmen jetzt einen andern Ton an; sie behaupten, des Sieges gewiß zu sein, machen viel Aufhebens von den übrigens wirklich vorhandenen Fortschritten, die die französische Armee gemacht hat, und behaupten sicher zu sein, das deutsche Heer zum mindesten lange genug in Schach halten zu können, um Rußland Zeit zu lassen, mobilzumachen, Truppen zusammenzuziehen und sich auf seine westlichen Nachbarn zu stürzen ... Ein erfahrener und hochgestellter Diplomat sagte neulich: ,Wenn sich jetzt plötzlich eines Tages ein ernster Zwischenfall zwischen Frankreich und Deutschland ereignet, so werden die Staatsmänner beider Länder sich bemühen müssen, ihm innerhalb der nächsten drei Tage eine friedliche Lösung zu geben, oder es gibt Krieg.'"

Es ist ausgeschlossen, daß die britische Regierung über diese Stimmungen und Strömungen in Frankreich und Rußland nicht unterrichtet war. Es ist ausgeschlossen, daß sich Sir Edward Grey und seine Leute keine Rechenschaft darüber gegeben haben, daß die von Iswolski angeregte engere Knüpfung der Triple-Entente in dem Gedanken seines Urhebers dazu dienen sollte und in ihrer tatsächlichen Wirkung dazu dienen mußte, den überhitzten Kessel noch weiter anzuheizen. Man mag zugunsten der bona fides der britischen Politik unterstellen, daß Sir Edward sich damals auf den Vorschlag Iswolskis nur eingelassen habe, um den durch die britisch-deutsche Verständigung über so wichtige Einzelfragen beunruhigten Ententegenossen eine Sicherheit über Englands loyales Festhalten an der Entente zu geben, daß es ihm nur darauf angekommen sei, für den Fall des Nichtzustandekommens der Verständigung mit Deutschland oder des Nichteintretens der von dieser Verständigung erwarteten Entspannung des deutsch-britischen Verhältnisses sich eine starke Koalition gegen Deutschland zu erhalten — es wäre eine durch nichts gerechtfertigte Aberkennung jeder politischen Urteilsfähigkeit der britischen Staatsmänner, wenn man annehmen wollte, diese seien sich nicht klar darüber gewesen, daß ihr grundsätzliches Eingehen auf die Iswolskische Anregung und ihr Eintritt in Besprechungen über die zwischen England und Rußland abzuschließende Marinekonvention die stärkste Aufmunterung des kriegerischen Geistes in Frankreich und Rußland bedeuten mußte, daß damit die deutsch-englischen Abmachungen, noch ehe sie zu Ende verhandelt waren, um ihre Frucht gebracht wurden.

Nimmt man zu der damals vor dem Abschluß stehenden britisch-deutschen Verständigung die Tatsache hinzu, daß Deutschland in dem Ausbau seiner Flotte ohne vertragsmäßige Festlegung sich nach dem von Lord Haldane im Februar 1912 vorgeschlagenen Schlüssel gerichtet hatte, so kann man aus all dem nur den Schluß ziehen, daß die britischen Staatsmänner die diplomatische und militärische Vorbereitung einer kriegerischen Auseinandersetzung mit Deutschland unter allen Umständen und ganz unabhängig von der Bereinigung noch so wichtiger Einzelfragen als oberstes Ziel ihrer Politik festzuhalten entschlossen waren.

Die Erklärung liegt wohl weniger in dem Willen der britischen Staatsmänner, die zufällig in jener entscheidenden Epoche der Weltgeschichte die Geschäfte Englands leiteten, als vielmehr in den alten Traditionen der britischen Politik, durch die England groß geworden war und durch die es seine Größe zu erhalten suchte. Englands Politik war stets gegen die politisch und wirtschaftlich stärkste Kontinentalmacht gerichtet; seitdem Deutschland die politisch und wirtschaftlich stärkste Kontinentalmacht geworden war, seitdem England durch Deutschland mehr als durch ein anderes Land sich in seiner weltwirtschaftlichen Stellung und in seiner Seegeltung bedroht fühlte, war der englisch-deutsche Gegensatz unüberbrückbar und durch keine Verständigung über irgendwelche Einzelfragen aus der Welt zu schaffen; es sei denn, daß England mit allen seinen Überlieferungen gebrochen und ehrlich darauf verzichtet hätte, von seinen Machtmitteln zur Erhaltung seiner wirtschaftlichen Vorherrschaft Gebrauch zu machen. Zu einem solchen Bruch mit der treibenden Kraft seiner Geschichte war England nicht bereit, trotz aller pazifistischen Strömungen, die sich auch in der britischen Öffentlichkeit einstellten. Das Wort Bismarcks vom Jahre 1897 blieb wahr: das einzige Mittel zur Besserung der deutsch-englischen Beziehungen sei, daß wir unserer wirtschaftlichen Entwicklung einen Zaum anlegten, und dieses Mittel sei nicht anwendbar.

Die Verstärkung der für eine kriegerische Auseinandersetzung mit Deutschland geschmiedeten Koalition durch England in der Zeit des Abschlusses der deutsch-englischen Verständigungsverhandlungen — das ist der Schlüssel zur politischen Weltlage, aus der heraus der große Krieg entstanden ist. Der deutschen Politik war es weder gelungen, die französische Revancheidee aus der Welt zu schaffen oder auch nur ihr neues Aufflammen zu verhindern, noch die durch den panslawistischen Druck nach Südosten erzeugte Spannung zwischen Rußland und den Zentralmächten einzudämmen. Wenn nun England am Ende langwieriger Verständigungsverhandlungen mit Deutschland die Aussichtslosigkeit jeder wirklichen Verständigung durch eine Verstärkung seines Ententesystems bekundete und damit den kriegerischen Strömungen bei seinen Ententegenossen eine neue Ermutigung gab, so war damit in der Sache das Urteil über Krieg und Frieden gesprochen. Jeder Anlaß, in dem es einer der Ententegenossen auf den Krieg ankommen lassen wollte, mußte bei dieser Lage der Dinge zum Weltkrieg führen.

Der Ausbruch des Weltkrieges

Am letzten Junisonntag 1914, dem Jahrestag der Schlacht auf dem Amselfelde, die den Serben als höchste nationale Erinnerung gilt, wurde zu Serajewo der Erzherzog Franz Ferdinand, der Erbe der Kronen von Österreich und Ungarn, von bosnischen Verschwörern serbischer Herkunft ermordet. Die Fäden der Verschwörung wiesen nach Belgrad, und schon die erste Untersuchung ergab die Mitwisserschaft und Mitwirkung serbischer Offiziere und Beamten.

Als ich am Abend des 28. Juni die Nachricht von der Mordtat erhielt, war ich mir sofort darüber klar, daß dieses Ereignis die unmittelbare Bedrohung des Weltfriedens bedeute. Die gegen den Bestand der Monarchie gerichtete, von den amtlichen Belgrader Kreisen in einer kaum verhüllten Weise unterstützte großserbische Agitation war in Wien seit langem Gegenstand wachsender Beunruhigung. Ich wußte aus dem persönlichen Verkehr mit einflußreichen und maßgebenden Persönlichkeiten der Donaumonarchie, wie ernst man dort die großserbische Bewegung nahm und wie sehr man davon durchdrungen war, daß die serbische

Regierung — trotz einer von ihr im März 1909 aus Anlaß der Beilegung der bosnischen Krisis abgegebenen feierlichen Loyalitätserklärung — hinter der großserbischen Propaganda des Wortes und der Tat als treibende Kraft stehe. Ich wußte, wie schwer es gewesen war, bei früheren Gelegenheiten Österreich-Ungarn davon abzuhalten, sich durch einen entscheidenden Streich gegen das Nest der großserbischen Zettelungen endlich stärkere Garantien zu verschaffen als niemals eingehaltene Versprechungen. Die Ermordung des Erzherzog-Thronfolgers und seiner Gemahlin war nach allem, was vorausgegangen war, eine Herausforderung, die kaum mehr irgendeine Hoffnung auf einen gütlichen Ausgleich lassen konnte.

Das Verhalten Serbiens unmittelbar nach der Tat war geeignet, die schlimmsten Befürchtungen zu bestätigen. Die serbische Presse hielt es nicht für der Mühe wert, die Freude und den Jubel über das Attentat zu unterdrücken; auch Blätter, die der Regierung nahestanden, bezeichneten als Ursache der Mordtat die inneren Verhältnisse Österreich-Ungarns. Der nahe Zerfall der Monarchie und der Serbien zufallende Anteil des Nachlasses wurden lauter denn je besprochen. Die serbische Regierung selbst tat, während das Fortschreiten der Untersuchung immer neue Beweise für den serbischen Ursprung des Verbrechens ergab, von sich aus keinen Schritt zur Aufklärung des Sachverhalts, sondern spielte in herausfordernder Weise den gänzlich Unbeteiligten.

Wer dagegen die Sprache der österreichisch-ungarischen Blätter verfolgte, konnte nicht zweifeln, daß die Wiener Regierung entschlossen war, auf ausreichende Sühne für die Ermordung des Thronfolgerpaares und auf starke Sicherheiten gegen die Fortsetzung der großserbischen Treibereien auf jede Konsequenz hin zu bestehen.

Es war mir damals schon ein Rätsel und wird mir immer ein Rätsel bleiben, wie leicht die öffentliche Meinung bei uns in Deutschland — und nicht nur die öffentliche Meinung, sondern auch Persönlichkeiten in Stellungen, die ihnen ein zutreffendes Urteil ermöglichen mußten — damals die Lage nahmen. Die bosnische Krisis von 1908/09, die Marokkokrisis von 1911, die Krisis des Balkankriegs von 1912/13 hatten unsere öffentliche Meinung nicht etwa aufgerüttelt und aufmerksam gemacht; ihre schließlich immer wieder friedliche Beilegung hatte im Gegenteil abstumpfend und einschläfernd gewirkt. Die Überzeugung „Es kommt ja doch nicht zum Krieg" war bei uns in den weitesten Kreisen geradezu ein Dogma geworden, nicht zum wenigsten deshalb, weil wir von der eigenen friedfertigen Gesinnung bis ins Innerste durchdrungen waren.

Der Deutsche Kaiser erhielt die Nachricht von dem Attentat in Kiel, während er an einer Regatta teilnahm. Die Regatta wurde sofort abgebrochen, und der Kaiser reiste alsbald nach Berlin. Damit fand auch der Besuch eines britischen Geschwaders in Kiel ein vorzeitiges Ende.

Die Stellungnahme der deutschen Regierung zu den Ereignissen war durch die bisherige Politik vorgezeichnet. Wir hatten uns auf die Gefahr, in einen Krieg hineingezogen zu werden, in der bosnischen Krisis und während des Balkankriegs aus Anlaß der südslawischen Bedrohung für alle Welt sichtbar auf die Seite der Donaumonarchie gestellt und wohl gerade durch diese unsere unzweideutige Haltung am meisten zur Vermeidung des Krieges beigetragen. Niemand konnte erwarten, daß dieses Mal unsere Haltung eine andere sein würde. Wohl war gerade in den vorausgegangenen Monaten von Rußland her auf privatem Wege die Andeutung gemacht worden: „Si vous pouviez vous décider à lâcher les Autrichiens, nous pourrions lâcher la France;" — aber, ganz abgesehen von der Ungeheuerlichkeit des uns damit angesonnenen Treubruchs: die Überzeugung von der Lebenswichtigkeit des Bündnisses mit der Donaumonarchie und von der Notwendigkeit der Erhaltung eines starken Österreich-Ungarn war bei uns in den maßgebenden Kreisen wie in dem gesamten Volksbewußtsein so unbedingt fest, daß es ein Schwanken über den jetzt einzuschlagenden Weg überhaupt nicht gab. Die Antwort, die Österreich-Ungarn auf seine Anfrage von Deutschland erhielt, ergibt sich aus folgenden Worten des später von der deutschen Regierung über den Kriegsausbruch veröffentlichten Weißbuchs: „Aus vollem Herzen konnten wir unserm Bundesgenossen unser Einverständnis mit seiner Einschätzung der Sachlage geben und ihm versichern, daß eine Aktion, die er für notwendig hielte, um der gegen den Bestand der Monarchie gerichteten Bewegung in Serbien ein Ende zu machen, unsere Billigung finden würde."

Aus dieser Haltung hat die deutsche Regierung niemandem gegenüber ein Hehl gemacht, weder gegenüber der eigenen Öffentlichkeit, noch auch gegenüber den an der weiteren Entwicklung der Dinge interessierten fremden Regierungen. Ich habe in jener Zeit aus Unterhaltungen mit meinen Freunden im Auswärtigen Amt den bestimmtesten Eindruck gewonnen, daß man dort fest davon überzeugt war, in Fortsetzung der bisherigen Politik durch die offene Gewährung voller Rückendeckung an Österreich-Ungarn die erstrebte Lokalisierung des drohenden Konfliktes zwischen der Donaumonarchie und Serbien am sichersten erreichen zu können.

Auf der andern Seite wollte man jede überflüssige Beunruhigung vermeiden. Man sagte sich wohl, daß in solchen Zeiten kritischer Hochspannung Beunruhigung und Mißtrauen sich wechselseitig steigern und schließlich zu positiven Maßnahmen führen können, die gerade jene Entwicklung, die man zu vermeiden wünscht, unvermeidlich machen.

Aus solchen Erwägungen heraus erklärt es sich, daß der Kaiser trotz der noch gänzlich ungeklärten Lage am 6. Juli die Nordlandsreise antrat. Man fürchtete, daß ein Aufgeben der jährlichen Nordlandsreise, für die alle Dispositionen von langer Hand getroffen und bekannt waren, ein Aufsehen erregt haben würde, das die friedliche Entwirrung der Lage hätte erschweren müssen; man nahm ferner an, daß die von der Wiener Regierung eingeleitete Untersuchung der mit dem Attentat von Serajewo zusammenhängenden Vorgänge, auf deren Ergebnis Österreich-Ungarn seine Forderungen an Serbien aufzubauen gedachte, und ebenso die Vorbereitungen, die Österreich-Ungarn treffen mußte, um seinen Forderungen Nachdruck zu geben, einige Zeit erfordern würden; und schließlich rechnete man bei uns mit einer Zuversicht, die ich nach meiner Einschätzung der für die weitere Entwicklung bestimmenden Faktoren nicht ganz zu teilen vermochte, mit einem guten Ausgang, wie er durch unser klares und festes Eintreten für den Bundesgenossen in den früheren ähnlichen Lagen herbeigeführt worden war.

Meine eigne, weniger zuversichtliche Auffassung der Dinge erfuhr in der weiteren Entwicklung durch allerlei Anzeichen, die in der Öffentlichkeit merkwürdig wenig Beachtung fanden, immer mehr ihre Bestätigung. Das große Publikum verharrte noch in einer für mich von Tag zu Tag unbegreiflicheren Sorglosigkeit, als unsere offiziös bediente Presse bereits deutliche Warnungssignale gab, als z. B. die „Norddeutsche Allgemeine Zeitung" am 19. Juli in einem sehr ernsten Artikel über Deutschlands Haltung ausführte, nur durch ein rechtzeitiges Einlenken Serbiens könne eine Krisis vermieden werden, deren Lokalisierung im Interesse der europäischen Solidarität erwünscht und geboten sei.

In meinem Wirkungsbereich, in der Direktion der Deutschen Bank, habe ich schon von den ersten Tagen des Juli an aus meiner Auffassung der Lage die Folgerungen gezogen. Ich habe auf Zurückhaltung im Eingehen neuer Verpflichtungen und auf eine tunlichste Stärkung der flüssigen Mittel der Bank hingewirkt.

Am 23. Juli überreichte der österreichisch-ungarische Gesandte in Belgrad der serbischen Regierung die Forderungen seiner Regierung mit einer ausführlichen Begründung. Zur Beantwortung wurde Serbien eine Frist von achtundvierzig Stunden gelassen.

Das Ultimatum, in Form und Inhalt überraschend schroff, zerriß für die ganze Welt mit einem Schlag alle Nebel, die bisher den Ernst der Lage noch verhüllt hatten. Jetzt war es für jedermann klar, daß Österreich-Ungarn fest entschlossen war, auf jede Eventualität hin Serbien gegenüber durchzugreifen, und daß der Friede Europas davon abhänge, ob Rußland, das Serbiens Treiben bisher so offensichtlich ermutigt hatte, beiseitestehen werde oder nicht. Mit einemmal stand Europa im Zeichen der unmittelbaren Kriegsgefahr.

Es ist später die Frage aufgeworfen und lebhaft erörtert worden, welche Rolle die deutsche Regierung und der Deutsche Kaiser bei jenen Vorgängen gespielt haben.

Die deutsche Regierung hat alsbald nach der Bekanntgabe des österreichisch-ungarischen Ultimatums an Serbien — bei aller Betonung ihrer Bundestreue gegenüber der Donaumonarchie und ihres Wunsches, den Konflikt zu lokalisieren — Wert darauf gelegt, gegenüber der eigenen Öffentlichkeit und gegenüber den Regierungen der Großmächte festzustellen, daß sie an der Abfassung des Ultimatums nicht beteiligt gewesen sei und von seinen Einzelheiten vorher keine Kenntnis gehabt habe. Das bedeutet, daß die deutsche Billigung der von Österreich-Ungarn für notwendig gehaltenen Aktion, zu der sich die Reichsregierung in ihrem Weißbuch ausdrücklich bekennt, nur die grundsätzliche Bereitschaft enthielt, sich hinter Österreich-Ungarn bei seiner Abwehr der gegen den Bestand der Monarchie gerichteten großserbischen Bewegung zu stellen; daß aber eine Vereinbarung über die Einzelheiten des von Österreich-Ungarn zu verfolgenden Aktionsprogramms nicht stattgefunden hat.

Im Gegensatz zu dieser Bekundung der deutschen Regierung ist von feindlicher Seite, in der Absicht, Deutschland als den Urheber des Krieges hinzustellen, und später auch von gewissen deutschen Seiten die Behauptung aufgestellt worden, die deutsche Regierung habe von Anfang an bei der Abfassung des Ultimatums mitgewirkt und trage die eigentliche Verantwortung für dessen eine friedliche Lösung kaum mehr gestattende Schroffheit. Das Ultimatum wurde in Zusammenhang gebracht mit einem Kronrat, der unter Vorsitz des Deutschen Kaisers und unter Beteiligung österreichisch-ungarischer hoher Militärs — genannt wurden der Erzherzog Friedrich und der Feldmarschall Conrad von Hötzendorff — am 5. Juli 1914 in Potsdam stattgefunden und die Rollen in dem zum Kriege führenden Spiel verteilt haben soll. Auch die bekannte Denkschrift des Fürsten Lichnowsky nimmt auf diesen angeblichen Kronrat Bezug; desgleichen eine später von den Unabhängigen Sozialdemokraten verbreitete und auch im Hauptausschuß des Reichstags zur Sprache gekommene Aufzeichnung des Herrn Dr. Mühlon, der zu jener Zeit stellvertretender Direktor bei Krupp war und der sich für seine Darstellung auf Äußerungen bezieht, die ich ihm gegenüber damals in einer vertraulichen Unterhaltung geschäftlichen Charakters gemacht haben soll. Auch ein Bericht des bayrischen Legationsrates Dr. von Schön, den der sozialistische bayrische Ministerpräsident Eisner im November 1918 veröffentlicht hat, ist benutzt worden, um den Kaiser und die deutsche Regierung als Anstifter des österreichisch-ungarischen Ultimatums hinzustellen und die Bekundung, daß die deutsche Regierung an der Abfassung des Ultimatums nicht beteiligt gewesen sei und von seinen Einzelheiten vorher keine Kenntnis gehabt habe, Lügen zu strafen.

Mir ist über den tatsächlichen Hergang folgendes bekannt:

Nach dem Attentat von Serajewo hat die deutsche Regierung sich rückhaltlos auf den von der österreichisch-ungarischen Regierung vertretenen Standpunkt gestellt, daß der Bestand der Donaumonarchie durch die großserbische Bewegung bedroht und die österreichisch-ungarische Regierung berechtigt sei, wirksame Maßnahmen gegen diese Bedrohung zu ergreifen. Die deutsche Regierung hat ferner, an dem ersten Grundsatze der Reichspolitik festhaltend, die Erhaltung Österreich-Ungarns als ein eigenes Lebensinteresse angesehen und deshalb auch jetzt wieder der Wiener Regierung die Zusicherung gegeben, daß Deutschland Österreich-Ungarn bei der Wahrung seiner Lebensinteressen zur Seite stehen werde. Der Kaiser hat diese Stellungnahme in den Besprechungen, die zwischen dem Attentat und dem Antritt der Nordlandsreise stattfanden, gutgeheißen. Man war sich klar darüber, daß diese Haltung das Deutsche Reich in einen österreichisch-russischen Konflikt hineinziehen und damit den Weltkrieg heraufbeschwören könne. Aber wie in den Jahren 1908/09 und 1912/13 hoffte man, der Gefahr eines österreichisch-russischen Konflikts durch eine klare und entschiedene Stellungnahme am besten vorbeugen zu können. Das alles konnte damals jedermann hören, der sich im Auswärtigen Amt über den Stand der Dinge unterrichten wollte.

Die Legende von dem Potsdamer Kronrat ist schon im Juli 1914 in Berlin in Umlauf gebracht worden, wie es scheint, durch Erzählungen des Oberkellners eines bekannten Berliner Cafés, der seine Wissenschaft aus einem von ihm bruchstückweise mitangehörten Gespräch hochgestellter Gäste bezogen haben wollte. Die Legende ist offenbar daraus entstanden, daß am 5. Juli der österreichisch-ungarische Botschafter Graf Szögieny dem Deutschen Kaiser ein Handschreiben des Kaisers Franz Joseph überreichte. In diesem Schreiben und einer ihm beigefügten Denkschrift des Wiener Auswärtigen Ministeriums wurden die Gefahren der Lage hervorgehoben und die Aufnahme Bulgariens an Stelle des wankenden Rumänien in den Bund der Mittelmächte angeregt. In der vom Auswärtigen Amt entworfenen Antwort wurde der Heranziehung Bulgariens unter gewissen Vorbehalten zugestimmt; es wurden ferner Bemühungen in Aussicht gestellt, um Rumänien beim Bündnis zu erhalten; zu dem Konflikt mit Serbien wurde eine Stellungnahme abgelehnt, es wurde aber betont, daß Deutschland gemäß dem Bündnis und der alten Freundschaft treu zu Österreich-Ungarn stehen würde*.

Ich habe später festzustellen Gelegenheit gehabt, daß weder der Erzherzog Friedrich noch der Feldmarschall Conrad von Hötzendorff damals in Berlin geweilt, geschweige denn an einem Kronrat in Potsdam teilgenommen haben;

* Staatssekretär a. D. Zimmermann in der „Deutschen Allgemeinen Zeitung“ vom 28. November 1918.

daß der Kaiser an jenen Tagen überhaupt keine österreichisch-ungarischen Militärpersonen empfangen hat; daß auch ein Kronrat oder eine kronratähnliche Veranstaltung in ausschließlich deutschen Kreisen damals nicht stattgefunden hat, vielmehr der Kaiser sich vor dem Antritt der Nordlandsreise auf die Entgegennahme von Einzelvorträgen, darunter auch des Vortrages des Reichskanzlers über die politische Lage und über die Unzweckmäßigkeit einer Aufgabe der Nordlandsreise, beschränkt hat.

Auch abgesehen von jenem nicht stattgefundenen Kronrat sind nähere Vereinbarungen mit der Wiener Regierung über die von dieser zu unternehmende Aktion, wie mir späterhin von den beteiligten Staatsmännern auf das bestimmteste erklärt worden ist, nicht getroffen worden. Was die Wiener Regierung über ihre Absichten mitteilte, hat sich auf allgemeine Richtlinien beschränkt: Untersuchung gegen die der Beteiligung an dem Attentat Verdächtigen unter Mitwirkung österreichisch-ungarischer Organe; Bestrafung der Schuldigen; Sicherheiten für die Zukunft, insbesondere Unterdrückung der gegen den Bestand der österreichisch-ungarischen Monarchie gerichteten Propaganda. Für die Ausgestaltung dieser Forderungen im einzelnen und für die Form, in der sie an Serbien gestellt werden sollten, hat weder Wien die Berliner Zustimmung erbeten, noch Berlin österreichische Mitteilungen verlangt. Man hat ein solches Vorgehen angesichts des für das Deutsche Reich ungeheuren Einsatzes als unbegreiflich bezeichnet; es scheint mir jedoch, daß bei einer solchen Kritik nicht genügend gewürdigt wird, daß die deutsche Regierung, indem sie von einer Vereinbarung der Einzelheiten und der Form des österreichisch-ungarischen Vorgehens absah, nicht etwa der Wiener Regierung eine Blankovollmacht ausstellte, sondern im Gegenteil eine Festlegung der deutschen Politik auf die Einzelheiten der österreichisch-ungarischen Aktion vermied und sich damit freie Hand vorbehielt für die Beurteilung dessen, was bei der weiteren Entwicklung der Dinge als notwendig für die Erhaltung des Bestandes der österreichisch-ungarischen Monarchie anzusehen und von Deutschland mitzuvertreten sei. Ich erinnere an die Lage im November 1912, in der der Deutsche Kaiser in seinem oben angeführten Telegramm an den Reichskanzler sich zwar nach wie vor bereit erklärte, für das österreichisch-ungarische Lebensinteresse zu marschieren, nicht aber um einer Laune des Verbündeten willen einen Weltkrieg heraufzubeschwören. Und auch in der Krisis von 1914 hat, wie wir noch sehen werden, die freie Hand, die sich die deutsche Regierung durch die Vermeidung des Festlegens der Einzelheiten der österreichisch-ungarischen Aktion gewahrt hat, dem Kaiser und dem Reichskanzler Gelegenheit gegeben, bei Österreich-Ungarn ein Einlenken in Sachen des Ultimatums durchzusetzen, ein Erfolg, der allerdings in seiner Wirkung durch den entschlossenen Kriegswillen der russischen Kriegspartei vereitelt worden ist.

Noch bis zum Tag der Überreichung des Ultimatums in Belgrad waren meine Freunde im Berliner Auswärtigen Amt im ungewissen, wie das Ultimatum ausfallen werde. Als sein Text unmittelbar vor der Übergabe in Belgrad in Berlin eintraf, war man im Auswärtigen Amt von seiner Schärfe sichtlich überrascht.

Der Kaiser hat mir späterhin, längst ehe die Frage seiner angeblichen Schuld am Kriege in Deutschland eine Rolle spielte, wiederholt von den damaligen Vorgängen erzählt. Er habe sich, um nicht durch unnötige Beunruhigung die Lage zu erschweren, auf den Rat des Kanzlers und des Auswärtigen Amtes entschlossen, die Nordlandsreise anzutreten. Das Auswärtige Amt habe ihm über den weiteren Verlauf der Dinge spärliche und durchaus zuversichtliche Berichte geschickt, auf Grund deren er die Hoffnung gehegt habe, daß sich alles friedlich erledigen werde. Der Wortlaut des österreichisch-ungarischen Ultimatums habe ihn aus dieser Hoffnung herausgerissen. Er habe, alsbald nachdem er Kenntnis von dem Wortlaut erhalten habe, ohne weitere Nachrichten des Auswärtigen Amts abzuwarten, die sofortige Rückkehr nach der Heimat befohlen. „In Berlin eingetroffen," fügte er hinzu, „habe ich mich sofort an die Telegraphenstrippe gehängt und beim Zaren, beim König von England und beim Kaiser Franz Joseph alles versucht, um das Verhängnis aufzuhalten. Das wäre mir auch gelungen, wenn nicht der unselige Zar sich die Mobilmachungsorder hätte abpressen lassen."

Ich habe aus meinen eignen Wahrnehmungen in der kritischen Zeit den Eindruck gewonnen, daß den leitenden Kreisen in Deutschland nichts ferner lag, als einen Krieg herbeiführen zu wollen. Wenn der deutschen Politik in jener Zeit ein Vorwurf zu machen ist, so ist es vielmehr der, daß sie die Gefahr des Krieges nicht ernst genug ins Auge faßte, sondern zu sehr von der friedlichen Lösung des Konfliktes überzeugt war, und daß deshalb weder militärisch, noch diplomatisch, noch wirtschaftlich die in Hinblick auf die Möglichkeit des Kriegs erforderlichen Vorbereitungen getroffen worden sind.

In militärischer Beziehung liegt mir hierfür ein merkwürdiges Dokument vor. In einer Sitzung des Hauptausschusses des Reichstages im Jahre 1917 hatte der Unabhängige Sozialdemokrat Dr. Cohn-Nordhausen die Behauptung aufgestellt, im Anschluß an den angeblichen Kronrat vom 5. Juli 1914 seien alsbald militärische Vorkehrungen getroffen, u. a. die sofortige kriegsmäßige Verproviantierung der elsaß-lothringischen Festungen angeordnet worden. Das gab mir Veranlassung, das Kriegsministerium um Feststellung des Tatbestandes zu bitten. Es stellte sich heraus, daß in der Tat wenige Tage nach dem 5. Juli 1914 ein Erlaß über die Verproviantierung der elsässischen Festungen hinausgegangen war. Dieser Erlaß lautete wie folgt:

Armee-Verwaltungs-Departement
237/14 geh. B 2. Berlin, 9. Juli 1914.
Geheim!
Zu Nr. 476/14. M. II.
Versorgungsfrist für die Festungen
Straßburg und Neubreisach.

Dem Antrage auf Hinausschiebung des kürzesten Verproviantierungstermins für die Festung Straßburg vom 12. auf den 20. und für die Festung Neubreisach vom 8. auf den 15. Mobilmachungstag wird unter den dargelegten Umständen, jedoch nur notgedrungen, vorläufig zugestimmt. Auf Verkürzung dieser Fristen ist daher unausgesetzt und mit allen zu Gebote stehenden Mitteln hinzuwirken. Zum 1. April 1915 ist zu berichten, ob und unter welchen inzwischen eingetretenen Umständen eine Verkürzung der Fristen zulässig ist.

I. V.
(Unterschrift.)

An die Königl. Intendantur
des XV. Armeekorps.

Das Armee-Verwaltungs-Departement des Preußischen Kriegsministeriums hat also noch elf Tage nach dem Attentat von Serajewo und vier Tage nach dem angeblichen Kronrat, der den Krieg beschlossen haben soll, die

Verproviantierungsfristen der elsässischen Festungen, vorläufig und auf Widerruf um eine Woche verlängert! Ein stärkerer Beweis dafür ist kaum möglich, daß unsern leitenden Kreisen der Gedanke, einen Krieg heraufzubeschwören, gänzlich fernlag, ja daß sie im Vertrauen auf die Erhaltung des Friedens Maßnahmen guthießen, die das Gegenteil der an sich durch die Lage gebotenen Vorbereitungen für die Möglichkeit des Krieges waren.

Auf diplomatischem Gebiet muß es jedem tiefer in die Dinge eintretenden Beobachter auffallen, daß bei unserm italienischen Verbündeten vor der Überreichung des Ultimatums in Belgrad offenbar keinerlei Versuche gemacht worden sind, ihn auf eine Mitwirkung oder wenigstens eine wohlwollende Neutralität durch bindende Abmachungen festzulegen. Wenigstens ergibt sich aus den italienischen Veröffentlichungen zur Vorgeschichte des Kriegs dafür nicht nur kein positiver Anhalt; vielmehr läßt sich aus der Beschwerde darüber, daß Italien von den österreichisch-ungarischen Absichten entgegen früheren Zusagen nicht rechtzeitig unterrichtet worden sei, nur der Schluß ziehen, daß die beiden Mittelmächte in der Tat an Italien nicht herangetreten sind. Bei den bekannten Empfindlichkeiten und Aspirationen Italiens wäre, falls die Mittelmächte einen Krieg hätten heraufbeschwören wollen oder falls sie auch nur ernstlich die Möglichkeit des Krieges aus der serbischen Veranlassung heraus ins Auge gefaßt hätten, der Versuch der grundsätzlichen Verständigung mit Italien über das geplante Vorgehen eine elementare Notwendigkeit gewesen. An Kompensationsobjekten fehlte es nicht; man braucht nur an die albanische Frage zu denken. Und der Vorteil eines von vornherein sich klar und unzweideutig auf die Seite der Mittelmächte stellenden Italien wäre, wenn man den Kriegsfall ernstlich ins Auge faßte oder gar den Kriegsfall herbeiführen wollte, eine Kompensation wert gewesen. Es scheint mir hier in der diplomatischen Vorbereitung des Krieges eine Unterlassung vorzuliegen, die nur erklärlich ist aus dem festen Vertrauen der deutschen Staatsmänner in die Erhaltung des Friedens.

Auch wirtschaftlich ist in jener Zeit nichts geschehen, was nach Vorbereitung für einen Krieg ausgesehen hätte. Man hat nichts getan, um unsere Bestände an Nahrungsmitteln und kriegsnotwendigen Rohstoffen, wie Stickstoff, Wolle und Baumwolle, Kupfer, Nickel, Kautschuk usw. aufzufüllen; man hat keinen Finger gerührt, um auch nur die Einfuhr der in Antwerpen und Rotterdam mit Bestimmung für Deutschland lagernden Waren einigermaßen zu beschleunigen. Man hat im Gegenteil geduldet, daß noch kurz vor Kriegsausbruch Nahrungsmittel und kriegswichtige Stoffe unsern Gegnern zugeführt worden sind, insbesondere daß noch im Monat Juli große Quantitäten von Brotgetreide aus dem Reichsgebiet nach Frankreich ausgeführt wurden.

Ist ein solches Verhalten denkbar bei einer Regierung, die einen Krieg herbeiführen will? — Die Frage beantwortet sich von selbst. Nur die felsenfeste Überzeugung, daß es gelingen werde, den Frieden zu erhalten — eine Überzeugung, die jede Absicht, auf den Krieg loszusteuern, unbedingt ausschließt —, läßt das Unterlassen aller militärischen, diplomatischen und wirtschaftlichen Kriegsvorbereitungen überhaupt erklärlich erscheinen. —

Die Aufnahme, die das österreichisch-ungarische Ultimatum an Serbien bei Rußland fand, mußte sofort erkennen lassen, daß die Hoffnung auf Erhaltung des Friedens an einem schwachen Faden hing. Die Lokalisierung des österreichisch-serbischen Konflikts war die Voraussetzung aller Friedenshoffnungen. Die russische Regierung ließ jedoch bereits am Tage nach der Überreichung des Ultimatums, am 24. Juli 1914, bekanntgeben, daß der österreichisch-serbische Konflikt Rußland „nicht indifferent lassen" könne. Durch spätere Veröffentlichungen* wissen wir, daß an demselben 24. Juli der russische Minister des Auswärtigen dem serbischen Gesandten in Petersburg erklärte, daß Rußland in keinem Fall aggressive Handlungen Österreich-Ungarns gegen Serbien zulassen werde. Das war eine Ermunterung Serbiens zum Widerstand gegen die österreichisch-ungarischen Forderungen, die ihre Wirkung nicht verfehlte. Gedeckt durch Rußland gab Serbien auf das Ultimatum am 25. Juli eine Antwort, die bei scheinbar weitem Entgegenkommen in wesentlichen Punkten die österreichisch-ungarischen Forderungen

* Siehe „Norddeutsche Allgemeine Zeitung" vom 3. Januar 1915.

umging oder ablehnte. Der österreichisch-ungarische Gesandte forderte daraufhin alsbald seine Pässe und verließ Belgrad. Schon vor der Übergabe ihrer Antwortnote hatte die serbische Regierung die Mobilmachung verfügt.

Damit war der bewaffnete Zusammenstoß zwischen Österreich-Ungarn und Serbien so gut wie unabwendbar geworden, der Konflikt zwischen Österreich-Ungarn und Rußland war vor aller Welt erklärt.

Es kann hier nicht meine Aufgabe sein, alle die Phasen darzustellen, die der russisch-österreichische Konflikt in den acht Tagen bis zum Kriegsausbruch durchlaufen hat. Die Vorgänge sind von den verschiedensten Seiten eingehend geschildert worden, auch von mir in meiner Arbeit über „Die Entstehung des Weltkriegs im Lichte der Veröffentlichungen der Dreiverbandsmächte". An dieser Stelle steht im Vordergrund, was ich aus persönlichen Wahrnehmungen zur Bestätigung und Aufhellung der Vorgänge beitragen kann.

Es fügte sich, daß ich Gelegenheit hatte, am Abend des 26. Juli, also am Abend nach der Überreichung der von Österreich-Ungarn als Ablehnung behandelten serbischen Antwortnote, mich mit einer russischen Persönlichkeit, die enge Beziehungen zu den maßgebenden Regierungskreisen hatte, über die politische Lage eingehend unterhalten zu können.

Der früher bereits erwähnte Präsident des Direktoriums der Russischen Bank für auswärtigen Handel, Herr

Davydoff, teilte telegraphisch mit, daß er am Sonntag, 26. Juli, abends 11 Uhr, für ganz kurzen Aufenthalt in Berlin eintreffen werde und großen Wert darauf lege, meinen Kollegen Mankiewitz, zu dessen Geschäftskreis in der Direktion der Deutschen Bank die russischen Geschäfte gehörten, und mich möglichst bald nach seiner Ankunft zu sprechen. Herr Mankiewitz und ich suchten Herrn Davydoff alsbald nach seiner Ankunft im Hotel Adlon auf. Die Fenster seines Salons gingen nach den Linden. Von der Straße herauf brauste das Gewoge der Volksmenge, die sich, wie schon am Abend vorher, in großer Erregung und vaterländische Lieder singend durch die Hauptstraßen der inneren Stadt bewegte.

Herr Davydoff empfing uns sichtlich beeindruckt durch die Kundgebungen, deren Zeuge er auf der Fahrt vom Bahnhof nach dem Hotel gewesen war. Schon aus seinen ersten Worten ergab sich, daß er nicht in geschäftlichen Angelegenheiten nach Berlin gereist war, sondern zu Zwecken der politischen Orientierung, und zwar mit Wissen und im Auftrag maßgebender russischer Kreise.

Er berief sich auf seine langjährigen Bemühungen um die Herstellung eines guten Verhältnisses zwischen Deutschland und Rußland und bekannte seine großen Besorgnisse wegen der Weiterentwicklung der serbischen Angelegenheit. Die größte Gefahr liege darin, daß in Petersburg nahezu an allen Stellen die Überzeugung bestehe, daß die deutsche

Regierung Österreich-Ungarn zu seinem Vorgehen gegen Serbien aufgestachelt habe und der eigentliche Verfasser des Ultimatums sei; daß die Aktion gegen Serbien nur ein Glied in der Kette unfreundlicher Handlungen Deutschlands gegen Rußland bedeute, und daß, wenn Rußland sich jetzt füge, in kurzer Zeit neue Demütigungen folgen würden. Diese gefährliche Auffassung werde mit Nachdruck und Erfolg von Iswolski vertreten, der mit ihm von Petersburg hierher gereist sei und direkt nach Paris weiterfahre. Er fügte hinzu, daß er von dem Wiedereintreffen Iswolskis in Paris Schlimmes befürchte.

Ich trat der Auffassung, als ob Deutschland Rußlands Demütigung suche, mit Entschiedenheit entgegen. Davydoff, der sich selbst mit dieser Auffassung nicht identifizierte, konnte an Fällen, in denen Deutschland die russischen Wege gekreuzt habe, außer unserem Eintreten für unsern österreichisch-ungarischen Bundesgenossen in den verschiedenen serbischen Konfliktsfällen nur die Angelegenheit der deutschen Militärmission für Konstantinopel nennen, in der doch Deutschland sich schließlich dem bei uns als unberechtigt empfundenen russischen Einspruch gefügt hatte. Auch der Auffassung, als ob die deutsche Regierung Österreich-Ungarn vorgeschoben hätte und der eigentliche Verantwortliche für das Belgrader Ultimatum sei, konnte ich nach meiner eigenen Kenntnis der Vorgänge widersprechen und dabei auf die von den deutschen Botschaftern bei den verschiedenen Regierungen abgegebenen Erklärungen, die Davydoff noch nicht kannte, hinweisen. Davydoff erwartete eine gute Wirkung davon, wenn er die offiziellen Erklärungen durch Berufung auf Mitteilungen von seiner Regierung bekannten Privatpersonen bekräftigen könne. Ich erklärte mich gern damit einverstanden, daß er meine Äußerung in diesem Sinne verwerte. Ich bat ihn jedoch, zur Vermeidung einer jeden Zweideutigkeit hinzuzufügen, daß man in Deutschland, wenn unsre Regierung auch an dem österreichisch-ungarischen Ultimatum nicht mitgewirkt habe, unverrückbar auf dem Standpunkt stehe, daß Österreich-Ungarn in seinem Rechte sei und daß niemand Österreich-Ungarn hindern dürfe, sein Verhältnis zu Serbien nach seinen Lebensinteressen zu ordnen.

Im weiteren Verlauf der Unterhaltung suchte Davydoff meine Ansicht darüber zu erfahren, ob Österreich-Ungarn durch Deutschland nicht zu einer Milderung seiner Note veranlaßt werden könnte. Als ich dies nach dem Stand der Dinge als unwahrscheinlich bezeichnete, ließ er durchblicken, es komme in dieser Sache weniger darauf an, den Serben entgegenzukommen, als darauf, Rußland einen Ausweg aus der furchtbaren Situation zu zeigen, die sonst unvermeidlich zum Weltkrieg führen müsse. Es gebe, wie mir bekannt sei, in Rußland eine sehr starke und einflußreiche Kriegspartei; wir Deutschen hätten das Interesse, der Friedenspartei und allen denjenigen, die ein dauernd gutes Verhältnis zu Deutschland wünschen, zu helfen und ein Auskunftsmittel zu suchen, das es Rußland möglich mache, ohne Krieg das Gesicht zu wahren.

Ich versprach, mein Bestes zu tun, und behielt mir vor, am nächsten Morgen auf diese Anregung zurückzukommen und vielleicht einen Vorschlag zu machen.

Es war inzwischen fast halb zwei Uhr geworden. Im Begriff, mich zu verabschieden, fragte ich Davydoff nach seinen weiteren Dispositionen. Davydoff antwortete, er wolle Dienstag abend abreisen, also Donnerstag in Petersburg zurück sein. Auf meine Bemerkung: „Und Sie glauben, daß bis dahin nichts Entscheidendes und Unwiderrufliches passiert?“ antwortete er: „Ich glaube, es wird nichts Entscheidendes geschehen; wir werden wohl einen Teil unserer Armee mobil machen, aber —“

Ich fiel ihm ins Wort: „Sie meinen also, eine russische Mobilmachung sei nichts Entscheidendes? — Da bin ich allerdings anderer Ansicht. Ich bin auf das bestimmteste überzeugt, daß eine russische Mobilmachung die deutsche Mobilmachung zur sofortigen Folge hat.“

Davydoff: „Nun und —? Dann demobilisiert man wieder! Das kostet zwar Geld, braucht aber doch noch kein Blut zu kosten.“

Mir war bekannt, daß unsere Regierung aus zwingenden militärischen Gründen die russische Mobilmachung als gleichbedeutend mit dem Kriegsfall ansah. An demselben 26. Juli, an dessen Abend ich diese Unterredung mit Herrn Davydoff hatte, war unser Botschafter in Petersburg angewiesen worden, der russischen Regierung eine Erklärung abzugeben, in der es hieß:

„Vorbereitende militärische Maßnahmen Rußlands werden uns zu Gegenmaßnahmen zwingen, die in der Mobilisierung der Armee bestehen müssen. Die Mobilisierung aber bedeutet den Krieg. Da uns Frankreichs Verpflichtungen gegenüber Rußland bekannt sind, würde die Mobilmachung gegen Rußland und Frankreich gerichtet sein. Wir können nicht annehmen, daß Rußland einen solchen europäischen Krieg entzünden will."

Daß diese deutsche Auffassung auch von den Verbündeten Rußlands als ganz selbstverständlich anerkannt wurde, zeigt der Bericht des britischen Gesandten in Petersburg vom 25. Juli (Blaubuch Nr. 17), in dem es heißt:

„I said all I could to impress prudence on the Minister for foreign Affairs, and warned him that, if Russia mobilised, Germany would not be content with mere mobilisation, or give Russia time to carry out hers, but would probably declare war at once." (Ich sagte alles, was ich konnte, um dem Minister des Auswärtigen Vorsicht nahezulegen, und warnte ihn, daß im Falle einer russischen Mobilisation Deutschland sich nicht auf eine bloße Mobilisation beschränken oder Rußland Zeit zur Durchführung der seinigen geben, sondern wahrscheinlich sofort den Krieg erklären werde.)

Daß die leitenden militärischen Kreise in Rußland selbst die eigne Mobilmachung als gleichbedeutend mit der

Kriegserklärung an Deutschland ansahen, ist später außer Zweifel gestellt worden durch eine von uns in Polen aufgefundene Anweisung des russischen Kriegsministers vom September 1912, lautend: „Allerhöchst ist befohlen, daß die Verkündigung der Mobilmachung zugleich die Verkündigung des Krieges gegen Deutschland ist."

Die russische Mobilmachung war also — das war damals auch meine innerste Überzeugung — von allen für den weiteren Verlauf der Dinge zu befürchtenden Komplikationen die verhängnisvollste; sie mußte allen Versuchen, den Frieden zu erhalten, ein kurzes Ende bereiten. Es gab mir damals einen förmlichen Ruck, Herrn Davydoff so leichthin über diese Möglichkeit sprechen zu hören.

„Sie können überzeugt sein," antwortete ich ihm, „daß die Mobilmachung den sofortigen Krieg bedeutet."

Davydoff war stark betroffen.

Nach einer kurzen Pause des Schweigens äußerte er Zweifel. Ich verwies ihn darauf, daß unsere raschere Mobilmachung uns gegenüber der russischen Überzahl einen Vorsprung gebe, der durch kein Zaudern verloren werden dürfe; davon sei Zivil und Militär bei uns durchdrungen. Deshalb sei Mobilisieren und Losschlagen für uns gleichbedeutend.

Davydoff überzeugte sich von dem Ernst der Sache. Er erklärte diesen Punkt für so außerordentlich wichtig, daß er noch in der Nacht darüber nach Petersburg telegraphieren müsse.

Am nächsten Vormittag, Montag, 27. Juli, machte ich dem Unterstaatssekretär Zimmermann von der nächtlichen Unterhaltung mit Herrn Davydoff Mitteilung und fragte ihn, welche Andeutungen ich eventuell Herrn Davydoff über einen Ausweg machen könne, der nach seinem Wunsch Rußland ermöglichen solle, „das Gesicht zu wahren". Das Ergebnis der Besprechung mit Zimmermann war, daß ich Herrn Davydoff als meine persönliche Anregung nachstehenden Gedanken mitteilte:

Österreich-Ungarn hat in seiner Zirkularnote an die Mächte gesagt, daß es das Beweismaterial für den der Note an Serbien zugrundeliegenden Tatbestand zur Verfügung der Regierungen halte. Da die russische Regierung Zweifel in die Richtigkeit der von Österreich-Ungarn behaupteten Tatsachen setze, bleibe vielleicht die Möglichkeit, der Wiener Regierung zu suggerieren: Die österreichisch-ungarische Regierung teilt sua sponte und ohne eine Anfrage der russischen Regierung abzuwarten, dieser ihr Beweismaterial mit. Die russische Regierung könne, wenn es ihr auf einen Ausweg aus der Sackgasse ankomme, diesen freundschaftlichen Schritt benutzen, um sich für überzeugt zu erklären und Österreich-Ungarn freie Hand für ein Vorgehen gegen Serbien zu lassen.

Davydoff griff den Gedanken auf und meinte, Rußland müsse wohl außerdem darüber vergewissert werden, daß die österreichisch-ungarische Aktion keine Verschiebung des Gleichgewichts auf dem Balkan zur Folge haben werde.

Auf meinen Hinweis, daß Österreich-Ungarn bereits feierlich erklärt habe, daß es keine territorialen Ziele verfolge, antwortete er, daß es vielleicht möglich wäre, noch zu präzisieren und zu ergänzen, um dadurch Rußland den Rückzug zu erleichtern.

Im Einverständnis mit Zimmermann setzte ich mich dann mit dem österreichisch-ungarischen Botschaftsrat Baron Haimerle in Verbindung. Baron Haimerle sagte mir, daß die Beweise für die in der Note an Serbien aufgeführten Tatsachen in Form eines Mémoires von der Wiener Regierung den sämtlichen Großmächten in den nächsten Tagen zugestellt werden sollten. Damit werde meiner Anregung in der Sache entsprochen. Darüber hinaus seiner Regierung einen besonderen Schritt gegenüber Rußland zu empfehlen, lehnte er ab, da in der augenblicklichen Lage jeder besondere Schritt Österreich-Ungarns gegenüber Rußland als Schwäche ausgelegt werde und damit die Entwirrung der Lage erschwere.

Ich legte nun — immer im Einverständnis mit dem Unterstaatssekretär Zimmermann — Herrn Davydoff, der mich um eine Formulierung gebeten hatte, die er nach Petersburg telegraphieren könne, folgende Fassung vor:

„Dr. Helfferich glaubt Grund zu der Annahme zu haben, daß die österreichisch-ungarische Regierung spontan der russischen Regierung, und ebenso den Regierungen der übrigen Großmächte, das Material betreffend die

Verschwörung gegen das Leben des Erzherzogs Franz Ferdinand und deren Zusammenhang mit der großserbischen Agitation vorlegen wird, um auf diese Weise den Regierungen Gelegenheit zu geben, sich von der Richtigkeit der in der Note an Serbien aufgeführten Tatsachen und von der Berechtigung der Forderungen Österreich-Ungarns zu überzeugen."

Ich war mir ganz klar darüber, daß dieser Strohhalm äußerst dünn war. Trotzdem äußerte Davydoff, nachdem er die Fassung aufmerksam durchgelesen hatte: „Das ist immerhin schon recht viel."

Auch am folgenden Tag bezeichnete Davydoff den von mir suggerierten Weg als gangbar und erklärte, daß er in Petersburg dafür eintreten werde, daß man diesen Weg benutze. Er äußerte ferner bei dieser letzten Unterredung, daß er sich ganz besonders viel von einer Initiative des Kaisers gegenüber dem Zaren, der hierfür sehr zugänglich sei, verspreche.

Unmittelbar vor seiner Abreise am Abend des 28. Juli ließ mir Davydoff noch bestellen, er habe in der russischen Botschaft eine hoffnungsvolle Mitteilung über die letzte Unterhaltung zwischen Ssasonoff und dem Grafen Pourtalès gesehen. Beide Staatsmänner hätten sich gegenseitig zugesagt, daß beiderseits zunächst keine weiteren militärischen Vorbereitungen getroffen werden sollten.

Zimmermann war von einem solchen Austausch von Zusagen über ein beiderseitiges Unterlassen militärischer

Vorbereitungen nichts bekannt. Vom Grafen Pourtalès liege kein Bericht vor, der auf etwas Derartiges schließen lasse; im Gegenteil, es häuften sich die Nachrichten, daß die Russen auch an unserer Grenze mobil machten. Auf meine Mitteilung der Anregung Davydoffs, ob der Kaiser dem Zaren gegenüber nicht eine Initiative ergreifen wolle, sagte mir Zimmermann, daß der Kaiser aus eigenem Antrieb bereits einen sehr herzlichen Friedensappell an den Zaren gerichtet habe.

In der Tat war die russische Friedenspartei, die sich wohl hauptsächlich um Kokowzoff gruppierte und in deren Auftrag Davydoff — wie ich ohne weiteres annehme, guten Glaubens und mit dem besten Willen — sich betätigte, zu schwach, um die Partie gegen die übermächtig gewordene russische Kriegspartei durchzuhalten. Der Minister des Auswärtigen, Herr Ssasonoff, besorgte, wie später aus den verschiedenen amtlichen Veröffentlichungen und vor allem auch aus den Aussagen im Ssuchomlinoff-Prozeß einwandfrei bekannt geworden ist, zusammen mit dem Kriegsminister Ssuchomlinoff und dem Generalstabschef Januschkewitsch unbeirrbar die Geschäfte der Kriegspartei. Schon am 24. Juli, dem Tag nach der Übergabe des Ultimatums, hatte er den Botschaftern Englands und Frankreichs erklärt, daß Rußland die Mobilmachung, über die ein Kronrat am nächsten Tage beschließen werde, unter allen Umständen durchführen werde. Ein solcher Beschluß ist in der Tat am 25. Juli gefaßt worden, und zwar mindestens für die südlichen und südöstlichen Gouvernements. Der Beschluß wurde vor Deutschland und Österreich-Ungarn zunächst geheimgehalten. Ebenso wie Davydoff mir am 28. Juli abends Mitteilung von einer angeblich in Petersburg erfolgten Verständigung darüber machen ließ, daß weitere militärische Vorbereitungen unterbleiben sollten, hatte schon am 27. Juli der russische Kriegsminister dem deutschen Militärattaché beruhigende Versicherungen gegeben. In Wirklichkeit wurde am 29. Juli der Welt die Mobilisierung der Korps von Odessa, Kiew, Moskau und Kasan als vollzogene Tatsache mitgeteilt, und die Nachrichten, daß die Mobilisierung in den an Deutschland angrenzenden Gouvernements in vollem Gange sei, wurden immer zahlreicher und bestimmter.

Die Hoffnung auf ein Dazwischentreten des Zaren konnte bei der bekannten Willensschwäche dieses Herrschers nicht allzu hoch veranschlagt werden. Sein erstes Antworttelegramm an unsern Kaiser bestätigte diese Auffassung.

So gab es nur noch eines, was die russische Kriegspartei von der Entfesselung des Krieges abhalten konnte: ein starker Druck Frankreichs und Englands zugunsten des Friedens.

Österreich-Ungarn hatte einer solchen Einflußnahme Frankreichs und Englands die Wege geebnet durch seine alsbald nach Überreichung des Ultimatums abgegebene Erklärung, daß es weder eine territoriale Vergrößerung noch eine Beeinträchtigung der Integrität Serbiens, sondern nur seine eigene Sicherheit erstrebe. Als aber der deutsche Botschafter unter Hinweis auf diese Erklärung an die französische Regierung herantrat, um dieser anheimzustellen, bei der russischen Regierung im Interesse des Friedens zu intervenieren (26. Juli), da lehnte die französische Regierung diese Anregung mit der Begründung ab, Rußland habe keinen Anlaß zu Zweifeln an seiner Mäßigung gegeben; aber Deutschland möge bei seinem Bundesgenossen intervenieren, um ihn von militärischen Opérationen gegen Serbien abzuhalten. Aus keinem der zahlreichen von den Ententeregierungen über den Ursprung des Krieges veröffentlichten Dokumenten ergibt sich ein Anhalt dafür, daß die französische Regierung in irgendeinem Stadium der Krisis auch nur den kleinen Finger gerührt habe, um auf Rußland in versöhnlichem Geiste einzuwirken und es von den mit ihrer Kenntnis eingeleiteten militärischen Maßnahmen, die den Krieg bringen mußten, zurückzuhalten. Das ganze Bestreben der französischen Regierung in jener Zeit war darauf gerichtet, von der britischen Regierung formelle und bindende Zusicherungen darüber zu erhalten, daß England im Falle des Kriegsausbruchs sofort auf der Seite Frankreichs und Rußlands eingreifen werde.

Bei dieser Sachlage hielt England die Entscheidung in den Händen. Die britische Regierung hatte die Wahl, entweder durch eine Aufmunterung an Frankreich und Rußland, vielleicht auch schon durch ein passives

Gewährenlassen, den Krieg zu entzünden, oder durch eine nachdrückliche Bekundung, daß sie wegen der österreichisch-serbischen Angelegenheit nicht in den Krieg gehen werde, den Brand im Keime zu ersticken.

Die Nachrichten, die in jenen Tagen aus London herüberkamen, amtliche und private, ließen zunächst einige Hoffnung, daß die britische Regierung, insbesondere Sir Edward Grey, sich ernstlich im Interesse des Friedens bemühen werde. Es sickerte durch, daß England dem Drängen Rußlands und Frankreichs nach einer sofortigen Solidaritätserklärung einigen Widerstand entgegengesetzt hatte. In der Tat billigte Sir Edward Grey ausdrücklich die am 24. Juli von Sir George Buchanan in Petersburg gegenüber Ssasonoff gemachten Ausführungen, daß die britische öffentliche Meinung einen Krieg wegen der serbischen Streitfrage nicht sanktionieren werde. Allerdings sprach er sich auf der andern Seite scharf mißbilligend über das österreichisch-ungarische Ultimatum an Serbien aus und betonte, daß die serbische Antwort der Wiener Regierung hätte genügen müssen; desgleichen legte er dem deutschen Botschafter nahe, daß die deutsche Regierung im Sinne des Friedens auf Wien Einfluß nehmen müsse.

Letzteres ist von deutscher Seite geschehen, nachdem die deutsche Regierung den Vorschlag Greys, die österreichisch-serbische Angelegenheit einer Konferenz, bestehend aus Grey als Vorsitzendem und den Botschaftern Frankreichs,

Deutschlands und Italiens, zu unterbreiten, mit dem Hinweis darauf abgelehnt hatte, daß nach Petersburger Nachrichten Herr Ssasonoff einen direkten Meinungsaustausch mit dem Grafen Berchtold beabsichtige, dessen Ergebnis zweckmäßigerweise zunächst abgewartet werden müsse. Sir Edward Grey hat diesen Hinweis als berechtigt anerkannt; er telegraphierte am 28. Juli an den britischen Botschafter in Berlin, daß er jeden andern Vorschlag suspendieren wolle, da der direkte Meinungsaustausch den Vorzug vor allen andern Methoden verdiene.

Aber ehe noch dieser direkte Meinungsaustausch in Fluß kam und ehe eine deutsche Einwirkung auf Wien sich zeigen konnte, hatte die englische Regierung Schritte getan, die nur als direkte Aufmunterung Rußlands und Frankreichs wirken konnten. Ich erwähne die am 28. Juli erfolgte Bekanntgabe der Aufrechterhaltung des mobilen Zustandes der zu Manöverzwecken in Portland konzentrierten Nordseeflotte, ferner die Unterhaltung Sir Edward Greys mit dem französischen Botschafter am Vormittag des 29. Juli, in der Sir Edward Grey Herrn Cambon eröffnete: er habe die Absicht, dem deutschen Botschafter zu sagen, daß er sich durch den freundschaftlichen Ton der bisherigen Unterhaltung nicht irreführen lassen dürfe zu irgendeinem Gefühl falscher Sicherheit, daß England beiseite stehen werde, wenn alle Anstrengungen, den Frieden zu erhalten, die England jetzt in Gemeinschaft mit Deutschland mache, scheitern sollten.

Mit dieser Eröffnung Greys an Paul Cambon waren die Würfel zugunsten des Krieges gefallen. Jetzt glaubte der französische Botschafter über das sofortige Eingreifen Englands in den Krieg an der Seite Frankreichs und Rußlands vergewissert zu sein. Noch am Abend desselben Tages konnte die russische Regierung Herrn Iswolski beauftragen, der französischen Regierung die aufrichtige Erkenntlichkeit der russischen Regierung für die Erklärung der unbedingten Waffenhilfe auszudrücken (russ. Orangebuch Nr. 58). Schon am 25. Juli hatte Ssasonoff dem englischen Botschafter erklärt: „Wenn Rußland der Hilfe Frankreichs sicher ist, wird es alle Risiken des Krieges auf sich nehmen" (engl. Blaubuch Nr. 17). Jetzt hatte Herr Ssasonoff diese Sicherheit von der französischen Regierung erhalten, nachdem diese am Morgen des gleichen Tags durch die Eröffnung Greys an Paul Cambon über die englische Hilfe vergewissert war.

In Berlin traf der Bericht über die Unterhaltung zwischen Sir Edward Grey und dem Fürsten Lichnowsky in der Nacht auf den 30. Juli ein. Der Inhalt deckte sich mit der Ankündung Greys an Cambon. Ich gewann, als ich am Vormittag des 30. Juli das Auswärtige Amt besuchte, den Eindruck, daß auch die Optimisten, die bisher immer noch an „russischen Bluff" geglaubt hatten, jetzt zur Erkenntnis des ganzen Ernstes der Lage gekommen waren. Man setzte jetzt den schwachen Rest von Hoffnungen, die man noch für die Erhaltung des Friedens hatte, auf die im

Einvernehmen mit Sir Edward Grey in Wien eingeleitete Aktion.

Schon am 28. Juli hatte der Deutsche Kaiser an den Zaren telegraphiert, er setze seinen ganzen Einfluß ein, um Österreich-Ungarn dazu zu bestimmen, eine offene und befriedigende Verständigung mit Rußland anzustreben. Die deutsche Regierung beschränkte sich gegenüber der österreichisch-ungarischen nicht auf allgemeine Ratschläge zur Mäßigung; sie bestand vielmehr nachdrücklich auf der Einleitung direkter Besprechungen mit Rußland, zu denen Herr Ssasonoff sich bereit erklärt hatte, und sie gab als Grundlage für diese Besprechungen einen Vermittlungsvorschlag nach Wien weiter, den Sir Edward Grey gemacht hatte. Graf Berchtold erklärte sich zur sofortigen Aufnahme der direkten Besprechungen mit der russischen Regierung bereit. Als der Reichskanzler am Abend des 29. Juli aus Petersburg die Nachricht erhielt, daß die Aufnahme der Besprechungen von dem österreichisch-ungarischen Botschafter abgelehnt worden sei, ließ er eine Instruktion an den Botschafter nach Wien telegraphieren, in der es hieß:

Wir können Österreich-Ungarn nicht zumuten, mit Serbien zu verhandeln, mit dem es in Kriegszustand begriffen ist. Die Verweigerung jedes Meinungsaustauschs mit St. Petersburg aber würde ein schwerer Fehler sein. Wir sind zwar bereit, unsre Bundespflicht zu erfüllen, müssen es aber ablehnen, uns von Österreich-Ungarn durch Nichtbeachtung unsrer Ratschläge in einen Weltbrand hineinziehen zu lassen. Euer Exzellenz wollen sich gegen Grafen Berchtold sofort mit allem Nachdruck und großem Ernst in diesem Sinne aussprechen."

Der Reichskanzler hat seinem Schritt bei der Wiener Regierung durch ein zweites Telegramm folgenden Inhalts noch einen besonderen Nachdruck gegeben:

„Falls die österreichisch-ungarische Regierung jede Vermittlung ablehnt, stehen wir vor einer Konflagration, bei der England gegen uns, Italien und Rumänien allen Anzeichen nach nicht mit uns gehen würden, so daß wir mit Österreich-Ungarn drei Großmächten gegenüberständen. Deutschland würde infolge der Gegnerschaft Englands das Hauptgewicht des Kampfes zufallen. Das politische Prestige Österreich-Ungarns, die Waffenehre seiner Armee sowie seine berechtigten Ansprüche gegen Serbien könnten durch die Besetzung Belgrads oder anderer Plätze hinreichend gewahrt werden (das entsprach dem Vorschlag Greys). Wir müssen daher dem Wiener Kabinett dringend und nachdrücklich zur Erwägung stellen, die Vermittlung zu den angebotenen Bedingungen anzunehmen. Die Verantwortung für die sonst eintretenden Folgen wäre für Österreich-Ungarn und uns eine ungemein schwere."

Die deutsche Regierung hat also von der Bewegungsfreiheit, die sie sich durch ihre Nichtbeteiligung an der Festlegung der Einzelheiten der österreichisch-ungarischen Aktion gewahrt hatte, im entscheidenden Augenblick

Gebrauch gemacht, um im Sinne des Friedens auf die Wiener Regierung einen Druck auszuüben, und zwar — wie der Reichskanzler von Bethmann Hollweg später mit Recht sagte — „in Formen, welche bis an das Äußerste dessen gehen, was mit unserm Bundesverhältnis verträglich ist". Jedenfalls haben die französischen und englischen Staatsmänner diesem deutschen Druck auf Österreich-Ungarn keinerlei auch nur entfernt ähnlich geartete Aktion bei der russischen Regierung zur Seite zu stellen.

Der Erfolg des deutschen Druckes auf Wien war, daß der österreichisch-ungarische Botschafter in Petersburg alsbald Weisung bekam, die infolge eines russischen Mißverständnisses bisher unterbliebene Konversation mit Herrn Ssasonoff sofort aufzunehmen, und zwar auch, was die Wiener Regierung bisher hartnäckig verweigert hatte, über den materiellen Inhalt des Ultimatums; daß ferner Graf Berchtold die deutsche Regierung wissen ließ, er sei bereit, dem Vermittlungsvorschlag Greys näherzutreten; daß schließlich noch am Nachmittag des 30. Juli eine Unterredung zwischen dem Grafen Berchtold und dem russischen Botschafter in Wien, Herrn Schebeko, stattfand, die alle einer direkten Aussprache zwischen Wien und Petersburg noch entgegenstehenden Schwierigkeiten aus dem Wege räumte. Der französische Botschafter in Wien, der ebenso wie sein englischer Kollege von Herrn Schebeko alsbald über den Verlauf dieser Unterredung unterrichtet wurde, telegraphierte nach Paris, daß er nun wieder eine Hoffnung auf Lokalisierung des Konfliktes sehe. Sir Edward Grey telegraphierte am folgenden Tag an den britischen Botschafter in Petersburg, daß er mit großer Genugtuung von dieser Wiederaufnahme der direkten Aussprache zwischen Österreich-Ungarn und Rußland Kenntnis genommen habe.

Es war also der Bemühung Deutschlands am Nachmittag des 30. Juli gelungen, die Wiener Regierung zu einem Schritt des Entgegenkommens zu veranlassen, der den bereits verschlossen scheinenden Weg zum Frieden wieder öffnete.

In Berlin sah man mit der größten Spannung der Wirkung der österreichisch-ungarischen Nachgiebigkeit auf Rußland und die Westmächte entgegen. Die Meinungen über den Erfolg gingen am Freitag (31. Juli) im Auswärtigen Amt auseinander. Während die einen neue Hoffnung zeigten, sagte mir Herr von Stumm am Freitag (31. Juli) vormittag, er sehe keine Hoffnung mehr, England vom Krieg zurückzuhalten. Churchill und die City wollten den Krieg, und sie seien die Stärkeren. Während ich mit Herrn von Stumm sprach, kam die Nachricht, daß die Bank von England ihren Diskontsatz auf acht Prozent erhöht habe. Sturmsignal! Ferner die Nachricht, daß Asquith im Unterhaus die Vertagung der Diskussion über Homerule verlangt habe, „da England eine geschlossene Front zeigen müsse“. Aus Petersburg keine Nachricht über die Aufnahme des Wiener Nachgebens; dagegen Berichte, daß trotz des von dem russischen Generalstabschef dem deutschen

Militärbevollmächtigten gegebenen Ehrenwortes die Mobilisation der russischen Truppen auch gegen Deutschland unentwegt ihren Fortgang nehme. Unsere leitenden Militärs, die sich den für das Schicksal Deutschlands wesentlichen Vorteil unserer rascheren Mobilisation durch die russischen Vorbereitungen entgleiten sahen, wurden ungeduldig und drängten auf eine Entscheidung. Die Erregung der Berliner Bevölkerung war ungeheuer; sie war tags zuvor schon auf das äußerste gesteigert worden durch eine sofort dementierte Falschmeldung des „Lokalanzeigers", der Mobilmachungsbefehl sei ergangen.

Da kam um die Mittagszeit des 31. Juli aus Petersburg die Meldung, daß der Zar die Mobilmachung der gesamten russischen Armee und Flotte befohlen habe.

Die Generalmobilmachung war also Rußlands Antwort auf die durch den Druck Deutschlands herbeigeführte Nachgiebigkeit der österreichisch-ungarischen Regierung! Die Generalmobilmachung, die nach dem russischen Erlaß vom September 1912 für das russische Heer als Kriegserklärung an Deutschland zu gelten hatte und die nach Kenntnis der Regierungen Rußlands und aller Großmächte auch für Deutschland den sofortigen Krieg mit Rußland bedeutete.

Schon vor der Aufhellung der inneren russischen Vorgänge durch den Ssuchomlinow-Prozeß ließ dieser Schritt Rußlands, der über alle Friedensbemühungen hinweg den Krieg entfesselte, nur eine Erklärung zu: „Die in jenem

Augenblick in Rußland entscheidenden Persönlichkeiten wollten angesichts der auf deutsches Betreiben zutagetretenden Nachgiebigkeit der österreichisch-ungarischen Regierung alle Brücken zum Frieden abbrechen und den Krieg unvermeidlich machen."*

Die Aussagen im Ssuchomlinow-Prozeß haben diese Erklärung bestätigt.

Wir wissen heute, daß der Zar am 30. Juli den Mobilmachungsbefehl bereits unterzeichnet hatte und daß am Nachmittag des 30. Juli die Generalmobilmachung in vollen Gang gesetzt wurde; daß am Abend des 30. Juli der Zar, stark beeindruckt durch die inzwischen eingegangenen Nachrichten, insbesondere das Telegramm des Deutschen Kaisers von 1 Uhr nachmittags, in dem dieser den Zaren nochmals eindringlich auf „die Gefahren und schweren Konsequenzen einer Mobilisation" hinwies, seinem Generalstabschef Januschkewitsch und seinem Kriegsminister Ssuchomlinow telephonisch den Befehl zur Einstellung der Mobilisation gab; daß Ssuchomlinow dem General Januschkewitsch auf dessen Frage, was er auf diesen Befehl des Zaren veranlassen solle, die klassische Antwort gab: „Tun Sie nichts!"; daß der Mobilmachungsbefehl noch in der Nacht amtlich veröffentlicht wurde, und daß dem Zaren am nächsten Tag, wie Ssuchomlinow sagte, „eine andere Überzeugung beigebracht wurde".

* Siehe meine „Entstehung des Weltkriegs", S. 25.

Wir wissen ferner, daß diesen Verbrechern der Rücken gestärkt war durch die am 29. Juli abends erlangte Sicherheit der französischen und britischen Waffenhilfe. Am 29. Juli vormittags hatte, wie ich oben dargestellt habe, Grey an Cambon jene Mitteilung über seine geplante Eröffnung an den Fürsten Lichnowsky gemacht, die Cambon nicht anders denn als Zusage des sofortigen britischen Eingreifens an der Seite Frankreichs und Rußlands auffassen konnte; und am Abend desselben Tags hatte Herr Ssasonoff Herrn Iswolski beauftragt, der französischen Regierung für die Zusage der unbedingten Waffenhilfe zu danken. Tags darauf wurde dem Zaren der Mobilmachungsbefehl entlockt und dann die Mobilmachung ohne Rücksicht auf den Gegenbefehl des Zaren durchgeführt.

Wer diesen Zusammenhang bezweifelt, lese nach, was der belgische Geschäftsträger in Petersburg, Herr de l'Escaille, am 30. Juli 1914 an seinen Minister in Brüssel berichtet hat:

„Unbestreitbar bleibt nur, daß Deutschland sich hier, ebenso sehr wie in Wien, bemüht hat, irgendeinen Weg zu finden, um einen allgemeinen Konflikt zu vermeiden ... England hat zuerst zu verstehen gegeben, daß es sich nicht in einen Konflikt hineinziehen lassen wolle. Sir George Buchanan sagte das offen. Heute (30. Juli) hat man in Petersburg die feste Überzeugung, ja man hat die Zusicherung empfangen, daß England an der Seite Frankreichs mitgehen wird. Dieser Beistand ist hier von entscheidender Wichtigkeit; er hat nicht wenig zum Sieg der Kriegspartei beigetragen."

So liegen die Verantwortlichkeiten!

Aber auch jetzt noch machte die deutsche Politik einen letzten Versuch, das unabwendbar Gewordene abzuwenden.

Bisher schon hatte Deutschland gegenüber den russischen militärischen Maßnahmen eine nur durch den aufrichtigsten Friedenswillen erklärbare Langmut gezeigt. „Vorbereitende militärische Maßnahmen Rußlands werden uns zu Gegenmaßnahmen zwingen, die in der Mobilisierung der Armee bestehen müssen. Die Mobilisierung aber bedeutet den Krieg" — so hatte es in der am 26. Juli an den Grafen Pourtalès telegraphierten Instruktion geheißen. Trotzdem hatte man davon abgesehen, die von der russischen Regierung plump abgeleugneten, aber durch zahlreiche zuverlässige Berichte und Einzelheiten bestätigten „vorbereitenden militärischen Maßnahmen" Rußlands durch Gegenmaßnahmen zu beantworten; ja man hatte davon abgesehen, auf die am 28. Juli verfügte Mobilmachung in den Gouvernements Moskau, Kiew, Kasan und Odessa mit Mobilmachungsmaßnahmen zu reagieren. Und sogar jetzt noch, wo der Befehl des Zaren zur Mobilisierung der gesamten russischen Streitkräfte zu Land und zu Wasser amtlich bekanntgemacht worden war, zögerte man in Berlin mit der Mobilmachungsorder. Man begnügte sich damit, den „Zustand der drohenden Kriegsgefahr" zu verkündigen und mit der Bekanntgabe dieser Verkündigung an die russische Regierung die Mitteilung zu richten, daß dem Zustand der drohenden Kriegsgefahr, die noch nicht Mobilmachung sei, die Mobilmachung folgen müsse, wenn Rußland nicht binnen 24 Stunden seine militärischen Maßnahmen gegen die beiden Mittelmächte einstelle und Deutschland davon in Kenntnis setze. Gleichzeitig erhielt der deutsche Botschafter in Paris die Weisung, an die französische Regierung die binnen 18 Stunden zu beantwortende Anfrage zu richten, ob sie im Falle eines Krieges mit Rußland neutral bleiben wolle.

Deutschland sah also noch immer, trotz der unmittelbaren Bedrohung durch die russische Generalmobilmachung, von dem äußersten Schritt ab, auf die Gefahr hin, dadurch kostbare und uneinbringliche Zeit zu verlieren, lediglich um noch einen letzten Spielraum für Anstrengungen zur Erhaltung des Friedens zu lassen.

Wenn überhaupt noch eine letzte Möglichkeit bestand, das Verhängnis abzuwenden, so lag sie in den Händen der britischen Regierung. Deutschland hatte Österreich-Ungarn auf den von Sir Edward Grey gewünschten Weg gebracht. Sir Edward Grey hielt mit dem Ausdruck seiner Genugtuung über diesen Erfolg nicht zurück. Wie würde er sich zu der russischen Generalmobilmachung stellen, die diesen Erfolg und jede Aussicht auf die Erhaltung des Friedens brutal zunichte machte?

Die deutsche Regierung konzentrierte alle ihre Anstrengungen darauf, das britische Kabinett zu einer Haltung zu bestimmen, die im letzten Augenblick die Katastrophe noch hätte verhindern oder wenigstens einschränken können, und setzte, um diesem letzten Versuch noch Raum zu geben, gegen das Drängen der verantwortlichen militärischen Instanzen beim Kaiser noch einen letzten Aufschub durch.

Aber ihre Bemühungen in London schlugen fehl.

Die von der britischen Regierung veröffentlichten Dokumente enthalten auch nicht die Spur einer Andeutung irgendeines Versuchs der Einwirkung auf Rußland, um eine Aufschiebung der Mobilmachung oder eine befriedigende Aufklärung an Deutschland zu erlangen. Sir Edward Grey beschränkte sich vielmehr darauf, durch den Berliner Botschafter an die deutsche Regierung die von vornherein aussichtslose und auch alsbald zurückgewiesene Zumutung zu stellen, Deutschland möge im mobilen Zustand stillhalten und weiterverhandeln. Ferner warf Sir Edward Grey jetzt, am 31. Juli, in der durchsichtigen Absicht, einen für die britische öffentliche Meinung plausibeln Kriegsgrund zu gewinnen, die Frage der belgischen Neutralität auf.

Der deutsche Botschafter in London stellte zunächst die Gegenfrage, ob im Falle einer Verpflichtung Deutschlands zur Achtung der belgischen Neutralität England sich seinerseits zur Neutralität verpflichten wolle. Grey antwortete gewunden, aber doch mit dem Schlußergebnis, daß England allein auf Grund dieser Bedingung seine Neutralität nicht zusagen könne. Darauf stellte Fürst Lichnowsky die dringende Frage, ob Grey nicht die Bedingungen formulieren könne, unter denen England zur Neutralität bereit sei; seinerseits bot er die Garantie der Integrität Frankreichs und seiner Kolonien an. Ja, die deutsche Regierung ging noch weiter: sie erklärte, daß die deutsche Flotte, solange England sich neutral verhalte, die Nordküste Frankreichs nicht angreifen und im Falle der Gegenseitigkeit keine feindlichen Operationen gegen die französische Handelsschiffahrt vornehmen werde. Aber Sir Edward Grey hatte auf alles nur die Antwort: er müsse endgültig jedes Neutralitätsversprechen auf Grund solcher Bedingungen ablehnen und könne nur sagen, daß England seine Hände frei zu halten wünsche (englisches Blaubuch Nr. 123). —

Deutschland hat also für die Neutralität Englands, die nicht nur die Lokalisierung, sondern wahrscheinlich in letzter Stunde noch die Verhinderung des Krieges bedeutet hätte, die Integrität Belgiens und Frankreichs einschließlich seiner Kolonien, außerdem den Verzicht auf jede Flottenaktion gegen die französische Küste und die französische Handelsschiffahrt angeboten; aber nicht einmal um diesen Preis, und auch nicht um irgendeinen andern, war die britische Neutralität zu haben. Das Wort Sir Edward Greys vom 1. August: „England will seine Hände frei halten", das so genau mit dem Ausklang der Haldane-Verhandlungen vom Frühjahr 1912 übereinstimmt, hieß nichts anderes als: England ist entschlossen, den Krieg nicht zu verhindern und im Krieg gegen Deutschland einzugreifen.

Die Nachrichten über diesen Verlauf des letzten Versuchs trafen im Laufe des 1. August in Berlin ein, während dort der Kaiser mit seinen ersten Ratgebern über die letzte Entscheidung beriet. Die Rußland und Frankreich gestellten Fristen näherten sich ihrem Ablauf, ohne daß Antworten vorlagen. Da schien sich noch einmal ein Lichtblick zu zeigen: ein Telegramm des Fürsten Lichnowsky, Sir Edward Grey habe telephonisch bei ihm anfragen lassen, ob Deutschland, wenn Frankreich neutral bliebe, es nicht angreifen werde. Der Fürst hatte sich für ermächtigt gehalten, zu antworten, er glaube das zusichern zu können, falls England mit Heer und Flotte diese Neutralität garantiere. In Berlin wirkte diese neue Friedensaussicht wie eine Befreiung vom stärksten Druck. Aber alsbald folgte ein weiteres Telegramm des Fürsten Lichnowsky, das die neue Aussicht zunichte machte: Sir Edward Grey erklärte, seine telephonische Anfrage sei mißverstanden worden*.

* Die aus Anlaß dieses „Mißverständnisses" von der deutschen Regierung eingenommene Haltung zeigt, wie fern der deutschen Regierung Angriffsabsichten auf Frankreich lagen. Der französische Minister des Auswärtigen hat das Gegenteil zu beweisen versucht durch die Veröffentlichung eines Chiffretelegramms, enthaltend eine Instruktion des Reichskanzlers an den deutschen Botschafter in Paris, Baron von Schoen, nach der dieser von Frankreich als Sicherheit für den Fall der französischen Neutralitätserklärung die Auslieferung der Festungen Toul und Verdun verlangen sollte. Die Instruktion ist nicht praktisch geworden, da Frankreich die Erklärung seiner Neutralität verweigerte. Hervorgegangen war sie aus der militärischen Notwendigkeit einer unbedingten Rückendeckung nach Westen für den Fall des Aufmarsches unseres Gesamtheeres gegen Osten. Das „Mißverständnis" vom 1. August hat bewiesen, daß die deutsche Regierung, falls Frankreich überhaupt zur Neutralität bereit gewesen wäre, sich statt der militärischen Sicherung durch Auslieferung der Grenzfestungen sich mit der diplomatischen Sicherung durch die Garantie Englands für die französische Neutralität begnügt hätte.

Deutschland hatte alle Mittel erschöpft, um die Weltkatastrophe des Kriegs zu verhindern. Die russischen Heeresmassen rollten unaufhaltsam nach den deutschen Grenzen. Die Antworten auf die befristeten deutschen Anfragen in Petersburg und Paris blieben immer noch aus. Vor dem Berliner Schloß, in dem jetzt die Entscheidung fallen mußte, wartete das Volk in atemloser Spannung. Am Nachmittag verbreitete sich plötzlich das Gerücht, Rußland habe seine Mobilmachung eingestellt. Aber ebenso rasch war festgestellt, daß immer noch keine Nachricht vorliege. Um halb sechs Uhr riefen Generalstabsoffiziere, vom Schlosse über die Linden fahrend, aus ihren Autos: „Mobilmachung!"

Schon vorher, um 3 Uhr 40 Minuten nachmittags, hatte die französische Regierung die allgemeine Mobilmachung verfügt.

Das Rad des Schicksals war jetzt im unaufhaltbaren Rollen. Ein Zurück gab es nicht mehr. In allen beteiligten Ländern standen die Entschlüsse fest. Alles, was jetzt noch geschah, war Taktik und Formalität.

So sehr ich auch heute noch, nach dem unglücklichen Verlauf des Krieges, überzeugt bin, daß uns in der Sache keine andere Wahl blieb, daß unsere Feinde den Krieg gewollt und uns den Weg des Krieges vorgeschrieben haben, ebenso sehr war ich damals schon als nicht unmittelbar beteiligter Zuschauer und Beobachter der Meinung, daß in den Fragen der Taktik und der Formalitäten unsere

Gegner uns überlegen waren. Ich habe z. B. damals schon die förmlichen Kriegserklärungen an Rußland und Frankreich als einen überflüssigen und schädlichen Ausfluß übertriebener formalistischer Gewissenhaftigkeit angesehen. Wir wußten, daß Rußland den Krieg unter allen Umständen wollte und durch nichts — außer durch den nicht einsetzenden englischen Gegendruck — zu halten war. In der Tat haben russische Truppen und Banden die ostpreußische Grenze bereits vor Ablauf der von uns am 31. Juli gestellten Frist und vor der Überreichung unserer Kriegserklärung überschritten und damit den Kriegszustand herbeigeführt. Wozu hatten wir es nötig, durch eine förmliche Kriegserklärung uns auch nur rein formell in die schlechtere Position des Angreifers zu bringen? — Wir wußten, daß Frankreich Rußland gegenüber zur Waffenhilfe verpflichtet und entschlossen war. Wozu mußten wir durch eine formelle Kriegserklärung der französischen Regierung den Nachteil der Vorhand abnehmen? — Nach meinem Gefühl wäre es richtiger gewesen, nach dem Wort eines klugen Franzosen zu verfahren: „Il ne faut jamais mettre les points sur les I's!" Durch unsern formalistischen Eifer haben wir das Spiel der Gegner gespielt und den äußeren Anschein der tatsächlichen Vorgänge zu unsern Ungunsten verschoben. — Dasselbe gilt nach meiner Ansicht für unsre Behandlung der belgischen Neutralitätsfrage. Auch hier haben wir uns formal ins Unrecht gesetzt, wie mir später erklärt worden ist, um der belgischen Regierung eine goldne Brücke zur Nichtbeteiligung am Krieg zu bauen. Belgien hat diese Brücke nicht betreten, während das von uns selbst anerkannte Unrecht an uns haften blieb.

Dagegen hat der Hauptspieler in unserm diplomatischen Gegenspiel, das britische Foreign Office, gerade die belgische Neutralitätsfrage, in der es selbst so schwer durch die seit dem Jahre 1906 eingeleitete militärische Zusammenarbeit mit Belgien belastet war, in virtuoser Technik zum Angelpunkt seiner diplomatischen Aufmachung des Krieges ausgestaltet.

Die serbische Sache war in sich zu schlecht, um gegenüber der englischen öffentlichen Meinung und gegenüber der Welt als Ausgangspunkt für Englands Eintritt in den Krieg dienen zu können. Die pazifistische Bewegung war auch in England zu stark geworden und zählte gerade in der herrschenden liberalen Partei zu viele Anhänger, ja sie hatte selbst im britischen Kabinett einen zu starken Einfluß, als daß sich die serbische Angelegenheit zu einer wirksamen Kriegsparole hätte machen lassen. Ich erinnere daran, daß Sir George Buchanan am 24. Juli 1914 Herrn Ssasonoff gegenüber die von diesem verlangte Solidaritätserklärung abgelehnt hatte mit der tags darauf von Sir Edward Grey ausdrücklich gebilligten Begründung, nicht etwa: es sei ein Verbrechen an der Menschheit, wegen der schlechten serbischen Sache einen Weltkrieg heraufzubeschwören—solche „Sentimentalität" lag der britischen

Politik fern —, sondern mit der Begründung: „die direkten britischen Interessen in Serbien seien gleich Null und ein Krieg wegen dieses Landes werde niemals durch die englische öffentliche Meinung gebilligt werden."

Noch in jener verhängnisvollen Unterhaltung, die Sir Edward Grey am Vormittag des 29. Juli mit Paul Cambon hatte, wies der britische Staatsmann, so sehr er die britische Bereitschaft zur Waffenhilfe durchblicken ließ, darauf hin, daß die serbisch-österreichische Frage und selbst ein russisch-deutscher Konflikt für England kein geeigneter Ausgangspunkt zum Eintreten in den Krieg sei. Herr Cambon antwortete auf diese Bemerkung nach Sir Edwards eigener Mitteilung an den großbritannischen Botschafter in Paris: „Er verstehe, daß England keinen Beruf fühle, in einen Balkanstreit oder auch in einen Kampf um die Vorherrschaft zwischen Deutschen und Slawen einzugreifen; wenn aber andere Ausgangspunkte entstehen und Deutschland und Frankreich hineinverwickelt werden sollten, so daß der Fall zur Frage der Hegemonie über Europa werde, so werde England zu entscheiden haben, was es zu tun habe." — Mit andern Worten, Herr Cambon verstand, und Sir Edward widersprach nicht nur nicht, sondern gab selbst das Stichwort an seinen Pariser Botschafter weiter: die serbisch-österreichische und auch eine deutsch-russische Frage genügen für uns nicht, um England in den Krieg zu führen; wenn ihr aber aus der serbisch-österreichischen oder deutsch-russischen Frage etwa eine deutsch-französische und damit eine Frage der Vorherrschaft in Europa macht, dann habe ich den Ausgangspunkt, den ich brauche.

Diesen Ausgangspunkt zu schaffen, lag in Frankreichs Hand: Frankreich brauchte nur seine unbedingte Solidarität mit Rußland zu erklären, was, wie ich oben gezeigt habe, noch an demselben 29. Juli geschah.

Daß Sir Edward Grey hier eine starkklingende Saite anschlug, zeigt der Brief, den die Führer der konservativen Opposition in den beiden Kammern, Mr. Bonar Law und Lord Lansdowne, am 2. August an den Premierminister richteten; sie betonten in diesem Brief, es würde „verhängnisvoll für die Ehre und Sicherheit des Vereinigten Königreichs sein, mit der Unterstützung Frankreichs und Rußlands in der gegenwärtigen Krisis zu zögern"; falls das Kabinett diese Unterstützung gewähre, böten sie ihm die rückhaltlose Unterstützung der Opposition an.

Aber im liberalen Kabinett selbst gab es Leute, und erst recht in der liberalen Partei und der Arbeiterpartei, sowohl im Parlament wie im Lande, die auch mit dieser Parole sich nicht blindlings in den Krieg führen lassen wollten. Darunter, wenn unwidersprochen gebliebene Mitteilungen englischer Blätter* stimmen, sogar Lloyd George. Noch am 30. Juli mußte Grey dem französischen Botschafter mitteilen, das Kabinett sei zu dem Schluß gekommen, es könne im gegenwärtigen Moment keine Verpflichtung übernehmen. Diese Mitteilung war nicht nur Herrn Cambon,

* Z. B. „Labour Leader" vom 18. März 1915.

sondern sichtlich auch Sir Edward, dessen Eröffnungen vom Tage vorher an Herrn Cambon durch das Kabinett gewissermaßen desavouiert waren, sehr unangenehm. Sir Edward beeilte sich, tröstend hinzuzufügen, weitere Entwicklungen könnten die Lage ändern und Regierung und Parlament von der Berechtigung einer britischen Intervention überzeugen; die Neutralität Belgiens könne, wenn nicht ein entscheidender, so doch mindestens ein wichtiger Faktor für die Bestimmung der Haltung Englands sein. Und Sir Arthur Nicolson, der Vater der britisch-russischen Entente, der wohl von allen britischen Staatsmännern mit dem größten Zielbewußtsein auf den Koalitionskrieg gegen Deutschland hinarbeitete, gab Herrn Cambon, als dieser ihm beim Verlassen des Kabinetts des Staatssekretärs begegnete, vertraulich zu verstehen — so berichtete Herr Cambon nach Paris —, daß der Staatssekretär nicht verfehlen werde, die Diskussion im Kabinett wiederaufzunehmen.

In all dem kann niemand auch nur die Spur eines Bemühens nach Verhinderung des Krieges finden; was klar und unverhüllt zutagetritt, ist das Suchen nach einem für das britische Kabinett und die britische öffentliche Meinung genügend zugkräftigen Kriegsgrund. Man stelle das Verhalten Sir Edward Greys gegenüber dem französischen Botschafter und gegenüber dem deutschen Botschafter in Vergleich: In seinen Unterhaltungen mit dem Fürsten Lichnowsky lehnte er jede Andeutung über die Bedingungen ab, unter denen es für England möglich sei, dem Kriege fernzubleiben. Dagegen erörterten seine Gespräche mit Herrn Cambon fast ausschließlich die Frage nach einem geeigneten Ausgangspunkt für ein sofortiges Eingreifen Englands in den Krieg. Dieser Unterschied zeigt das wahre Gesicht der jedenfalls in jenem Stadium auf den Krieg gerichteten britischen Politik.

Nachdem auch der „Kampf um die Hegemonie in Europa" als Kriegsparole keinen unbedingten Erfolg versprach, griff Sir Edward Grey die Frage der belgischen Neutralität auf. Er operierte gegenüber den Zögernden mit der ungenügenden, weil ausweichenden Antwort, die der Staatssekretär von Jagow auf die erste Anfrage des britischen Botschafters in Berlin am 31. Juli gegeben hatte. Als ihm dann der Fürst Lichnowsky am 1. August die Gegenfrage stellte, ob England bereit sei, im Fall der Respektierung der belgischen Neutralität durch Deutschland selbst neutral zu bleiben, enthielt Grey seinem Kabinett das in dieser Gegenfrage liegende, von ihm alsbald abgelehnte Angebot vor, das der britischen Regierung die Sicherung der belgischen Neutralität um den Preis der eignen Neutralität ermöglicht hätte; ebenso wie er dem Kabinett das deutsche Angebot vorenthielt, gegen Zusicherung der Neutralität Englands von jedem Angriff auf die atlantische Küste und Schiffahrt Frankreichs abzusehen und die Integrität Frankreichs und seiner Kolonien zu gewährleisten*.

* Vgl. die Anfrage Keir Hardies im Unterhaus am 27. August 1914.

Am Abend des 4. August stellte der britische Botschafter in Berlin dem Reichskanzler jene bis Mitternacht befristete Anfrage, ob Deutschland sich verpflichte, die belgische Neutralität zu respektieren. Damals hatten deutsche Truppen die belgische Grenze schon überschritten. Das britische Kabinett hatte seinen Kriegsvorwand und seine Kriegsparole.

Wie stark die militärische Notwendigkeit war, selbst auf die Gefahr hin, England einen wirksamen Kriegsvorwand und eine zugkräftige Kriegsparole zu liefern, die belgische Neutralität außer acht zu lassen, vermag ich nicht zu beurteilen. Unsere moralische Berechtigung, durch Belgien zu marschieren, steht für mich nach allem, was vorausgegangen war, außer Zweifel. Ebenso außer Zweifel steht für mich, daß auch die peinlichste Respektierung der belgischen Neutralität England nicht vermocht hätte, dem Kriege als unser Gegner fernzubleiben*.

* Dies wird gelegentlich von englischer Seite selbst offen zugegeben. Schon im Dezember 1914 schrieb der „Spectator":

„Wenn Deutschland beschlossen hätte, zu versuchen, auf dem direkten Weg statt auf dem Weg über Belgien in Frankreich einzudringen, so hätten wir trotzdem unter einer tiefen Verpflichtung gestanden, Frankreich und Rußland zu helfen . . . Alle unsere Abmachungen mit Frankreich — unsere Sanktion der Linie seiner Politik, unsere militärischen „Konversationen" mit seinem Stab, unsere endgültige Assoziation mit seinen Handlungen draußen — hatten uns seine Sache anvertraut, so klar wie wenn wir eine bindende Allianz mit Frankreich abgeschlossen hätten. Und was wahr ist für unser Einvernehmen mit Frankreich, ist kaum weniger wahr für unser Einvernehmen mit Rußland."

Und ein Leitartikel der „Times" vom 19. März 1915 bekannte, daß England durch seine Ehre und sein Interesse gezwungen worden wäre, an Frankreichs und Rußlands Seite zu treten, „auch wenn Deutschland die Rechte seines kleinen Nachbars gewissenhaft geachtet und sich den Weg nach Frankreich hinein durch die französischen Ostfestungen gebahnt hätte". — Der Artikel fährt fort: „Weshalb verbürgten wir uns für die Neutralität Belgiens? Wegen eines gebieterischen Grundes des Selbstinteresses, aus dem wir von jeher verhinderten, daß eine Großmacht sich unserer Ostküste gegenüber festsetzte, wegen des Grundes, der uns bewog, die Niederlande gegen Spanien und gegen das Frankreich der

Letzteres ergibt sich aus der ganzen langen Vorgeschichte des Krieges, in der England die treibende Kraft war; aus den Besprechungen zwischen dem Foreign Office und Herrn Cambon, die sich schließlich nur noch um die Frage des Ausgangspunktes für das britische Eingreifen drehten; und schließlich aus folgendem wichtigen Umstand:

Am 2. August, ehe ein deutscher Soldat auf belgischem Boden stand und ehe die erst am Abend dieses Tages in Brüssel gestellte deutsche Anfrage wegen des Durchmarsches vorlag, bestätigte Sir Edward Grey auf Grund eines Kabinettsbeschlusses dem französischen Botschafter eine Eröffnung, die er ihm tags zuvor schon auf eigne Verantwortung gemacht hatte. Nach dem von Herrn Cambon nach Paris erstatteten Bericht lautete diese Eröffnung:

„Falls das deutsche Geschwader in den Kanal einfahren oder die Nordsee passieren sollte, um die britischen Inseln zu umschiffen, in der Absicht, die französischen Küsten oder die französische Kriegsflotte anzugreifen und die französische Handelsflotte zu beunruhigen (!), würde die britische Flotte eingreifen, um der französischen Marine ihren Schutz zu gewähren, in der Art, daß von diesem

Bourbonen und Napoleons zu verteidigen ... Wir spielen nicht den internationalen Don Quichotte, der zu jeder Zeit jedes Unrecht bekämpft, auch wenn es ihm keinen Schaden zufügt. Herr von Bethmann hat ganz recht, selbst wenn Deutschland nicht in Belgien eingefallen wäre, hätten Ehre und Interesse uns an Frankreich gebunden ... Wir kehrten zu unserer traditionellen Politik des Gleichgewichts zurück, aus demselben Grund, aus dem unsere Ahnen sie angenommen hatten. Gefühlsgründe gab es weder für unsere Väter, noch gibt es sie für uns. Es handelt sich um in sich selbst begründete, um selbstische Gründe ... für England und seinen Herrschaftskreis kämpfen und bluten seine Söhne."

Augenblick an England und Deutschland sich im Kriegszustand befinden würden." (Franz. Gelbbuch Nr. 143.)

Das war die Entschlossenheit zum Krieg, unabhängig von der Verletzung der belgischen Neutralität, für einen bestimmten Fall, der bei einem Krieg zwischen Deutschland und Frankreich der Natur der Dinge nach sich einstellen mußte. Das britische Kabinett hatte sich gegen den Widerstand seiner friedensfreundlichen Mitglieder zu dieser Erklärung entschließen müssen, weil auf Grund der dem Kabinett seit 1911 bekannten militärischen und maritimen Abmachungen mit Frankreich die französische Flotte im Mittelmeer konzentriert war und infolgedessen für England die moralische Verpflichtung bestand, die atlantische Küste und Schiffahrt Frankreichs zu schützen.

Aber dieser casus belli wurde nicht praktisch. Die britische Politik behielt den Vorteil der in der deutschen Verletzung der belgischen Neutralität enthaltenen Kriegsparole.

Am Abend des 4. August stand fest, daß Deutschland durch einen unerbittlichen Kampf auf Leben und Tod mit einer überlegenen Koalition werde gehen müssen. Durch das ganze deutsche Volk ging eine grimmige Entschlossenheit, den uns aufgezwungenen Krieg aufzunehmen und durchzuführen. Vor dem Schloß in Berlin staute sich die Menge und huldigte dem Kaiser, der seinem Volke sechsundzwanzig Jahre lang den Frieden erhalten hatte und der es jetzt in Worten, die jedem zu Herzen gingen, aufrief zum Kampf um Hof und Herd, um das Recht auf Leben und Arbeit.

Wenige Wochen später, am 28. August, sah ich den Kaiser im Schloß zu Koblenz. Der Aufmarsch unsrer Heere war in glänzender Weise durchgeführt; die französischen Armeen und das britische Hilfskorps waren geschlagen; unsere Truppen waren überall im Westen in siegreichem Vormarsch; aus dem Osten kamen die ersten Nachrichten von Hindenburgs gewaltigem Sieg bei Tannenberg. Es schien alles über Erwarten gut zu gehen, und die Hoffnungsfreudigen glaubten an ein rasches und glückliches Ende des Krieges.

Der Kaiser ging nach dem Frühstück länger als eine Stunde mit mir im Park auf und ab und sprach sich über die gewaltigen Ereignisse der letzten Wochen in der rückhaltlosesten Weise aus. Ich hatte von ihm den Eindruck eines Mannes, der, trotzdem das Glück seiner Sache günstig zu sein schien, innerlich auf das tiefste erschüttert war und schwer an der Verantwortung für seine Entschlüsse trug. Er schilderte mir in der ihm eigenen Lebhaftigkeit die Vorgänge, die zum Krieg geführt hatten, und seine persönlichen Bemühungen, den Krieg abzuwenden. Er rief Gott zum Zeugen dafür an, daß er in seiner ganzen Regierungszeit keinen höheren und heiligeren Wunsch gekannt habe, als seinem Volke den Frieden zu erhalten und es durch friedliche Arbeit zu besseren und glücklicheren Lebensbedingungen zu führen. Er erinnerte an sein letztes Zusammensein mit seinen Vettern, dem Zaren und dem König von England, im Schlosse von Berlin bei Gelegenheit der Hochzeit seiner Tochter mit dem Herzog von Braunschweig im Jahre 1913, an die Beruhigung, die er damals über die friedlichen Absichten Rußlands und Englands gewonnen zu haben glaubte. Er habe sich gar nicht an den Gedanken gewöhnen können, daß alle die Freundschafts- und Friedensversicherungen nur Lug und Trug gewesen seien; und doch habe er sich aus dem Gang der Dinge überzeugen müssen, daß damals unter seinem eignen Dach seine Gäste die Verschwörung gegen Deutschland bereits im Herzen trugen. Er habe von dem Augenblick an, in dem ihm der Ernst der Lage zum Bewußtsein gekommen sei, den König von England und den Zaren beschworen und gebeten, ihm zu helfen, das Unheil des Krieges von der Welt abzuwenden, er habe seinerseits bis zur Grenze des Möglichen auf den Kaiser Franz Joseph gedrückt, so schwer es ihm geworden sei, dem Verbündeten beim Durchfechten seiner gerechten Sache in den Weg zu treten; aber er habe vom König Georg und dem Zaren nur kaltes Achselzucken und leere Ausflüchte zur Antwort bekommen. Er habe den Zaren noch in der letzten Stunde geradezu angefleht, die Mobilmachung zu unterlassen, die uns in unsrer geographischen und politischen Lage zum sofortigen Losschlagen zwingen müsse. Er habe nach der russischen Mobilmachung gegen alle Beschwörungen seiner eignen Militärs noch einmal den

Russen eine Frist gegeben. Alles sei umsonst gewesen. Dreimal habe er die Feder wieder aus der Hand gelegt, ehe er die Mobilmachungsorder unterschrieben habe. Die Verantwortung für das eigene Volk habe ihm schließlich keine andere Wahl gelassen. Jetzt stehe unser Schicksal in Gottes Hand.

In derselben Unterhaltung sprach sich der Kaiser darüber aus, wie er sich die künftige Gestaltung der Dinge denke, wenn uns der Sieg beschieden sei. Das Wichtigste sei für ihn, daß aus dem Krieg der durch die gesunde Vernunft und die Natur der Dinge gebotene friedliche Zusammenschluß der Völker des europäischen Kontinents hervorgehe. Das sei bisher infolge des deutsch-französischen Gegensatzes nicht möglich gewesen. Der Friede müsse so geschlossen werden, daß dieses Ziel erreichbar werde. Die Franzosen seien stets eine ritterliche Nation mit einem hohen Ehrbegriff gewesen, vor der er stets Achtung gehabt und deren Versöhnung mit Deutschland er stets gewünscht habe. Er verstehe, daß es dieser Nation schwer geworden sei, sich der Entscheidung von 1870 ohne den Versuch eines neuen Appells an das Glück der Waffen zu fügen. Er hoffe, daß nach diesem Krieg auch der Franzose das Gefühl haben werde, daß der Ehre Genüge geschehen sei und daß sich beim Friedensschluß die Grundlagen für ein freies und ehrliches Zusammenwirken der beiden großen europäischen Kulturvölker in Politik und Wirtschaft werden schaffen lassen.

Das ist der Mann, den heute unsre Feinde und — was schlimmer ist — Leute unsres eignen Blutes zum Urheber des Krieges, zu einem blutdürstigen Eroberer und Unterdrücker stempeln möchten. Ich bin im Innersten überzeugt — und das Bekenntnis glaube ich dem Kaiser zu schulden — daß Wilhelm II. kein höheres Ziel gekannt hat, als dem deutschen Volk und der Welt den Frieden zu erhalten, daß er seinen Ruhm nur darin gesucht hat, Deutschland in den Werken friedlicher Arbeit fortschreiten zu sehen. Niemand, der ihn näher kannte, wird sich durch seine im Hohenzollernblut steckende Freude an soldatischem Wesen oder durch den Überschwang des ihm leicht zur Verfügung stehenden Wortes über den Kern seines Wesens täuschen lassen. Ebensowenig, wie Kenner des deutschen Volkscharakters sich durch Unebenheiten und Schroffheiten, die schließlich ihre Begründung in unsrer vielhundertjährigen Leidensgeschichte haben, dazu verleiten lassen, das deutsche Volk für kriegslustig, gewalttätig und eroberungssüchtig zu halten.

Der Deutsche Kaiser und das deutsche Volk wollten den Frieden und sahen in der friedlichen Arbeit ihre Zukunft. Wo die Kräfte, die den größten Krieg der Weltgeschichte heraufbeschworen haben, ihren Sitz hatten, glaube ich in den vorstehenden Blättern gezeigt zu haben.

Großbritannien hat wieder einmal sein Ziel erreicht. Die stärkste Kontinentalmacht, sein stärkster Wettbewerber auf den Märkten der Welt liegt am Boden, wie vordem

Spanien, die Niederlande und Frankreich. Unsere Kraft ist gebrochen in einem Krieg, den England so wenig unmittelbar entzündet hat wie etwa den Spanischen Erbfolgekrieg, den Siebenjährigen Krieg und die Napoleonischen Kriege; den es aber, genau wie jene großen Koalitionskriege, mit unübertrefflicher diplomatischer Kunst aus dritter Ursache duldend und fördernd hat entstehen lassen, um dann einzugreifen und seinen stärksten Rivalen zur Mehrung seiner eigenen Macht und Herrlichkeit niederzuwerfen.

So werden die unbestechlichen und unbeirrbaren Augen der Geschichte die Entstehung des Krieges sehen.

Der Weltkrieg

von

Karl Helfferich

Der zweite Teil des Werkes, der den Anteil des Verfassers an den politischen Vorgängen der Kriegszeit selbst zum Gegenstand hat, erscheint in Kürze